U0640414

李学勤

罗哲文

俞伟超

曾宪通

彭卿云

战乱不断的南宋

李默　主编

中华文明是人类历史上最伟大的文明之一，是人类文明发展的主要构成。中华文明丰富、深刻、辉煌、博大，在人类文明中的骨干作用和领导作用为人所共知。在人类文明的发源时期，中华文明就是四大古文明之一，是地球上文化的策源地之一。

广东旅游出版社
GUANGDONG TRAVEL & TOURISM PRESS
悦读书·悦旅行·悦享人生

中国·广州

图书在版编目（CIP）数据

战乱不断的南宋 / 李默主编 . — 广州 : 广东旅游
出版社 , 2013.1（2024.8 重印）
　ISBN 978-7-80766-450-5

　Ⅰ . ①战… Ⅱ . ①李… Ⅲ . ①中国历史—南宋 Ⅳ .
① K245

　中国版本图书馆 CIP 数据核字 (2012) 第 291273 号

出 版 人：刘志松
总 策 划：李 默
责任编辑：张晶晶 黎 娜
装帧设计：盛世书香工作室 腾飞文化
责任校对：李瑞苑
责任技编：冼志良

战乱不断的南宋
ZHAN LUAN BU DUAN DE NAN SONG

广东旅游出版社出版发行
（广东省广州市荔湾区沙面北街 71 号首、二层）
邮编：510130
电话：020-87347732（总编室）020-87348887（销售热线）
投稿邮箱：2026542779@qq.com
印刷：三河市嵩川印刷有限公司
　　　（河北省廊坊市三河市杨庄镇肖庄子村）
开本：650×920mm　16 开
字数：105 千字
印张：10
版次：2013 年 1 月第 1 版
印次：2024 年 8 月第 3 次印刷
定价：45.80 元

出版者识

　　《话说中华文明》是一部全景式图文并茂记录中国文明历史的大书。出版者穷数年之力，会集各方力量——专家、学者、编辑、学术顾问们，在浩如烟海的历史档案、资料、著作中，探珍问宝，追寻中华文明在悠悠历史长河中的灿烂之光。此书的出版，凝聚了编撰者的心血，学术顾问们的智慧。尤其是李学勤先生，亲自动笔写下了序言，更增加了本书沉甸甸的分量。

　　中华文明的历史充满了辉煌与苦难，成就和挫折。它的历史无处不在，决定着我们中国人今天的思想和感情。当今的中国和中国人是中华文明的历史造就的，是中华文明的历史的延伸，也是它的一个组成部分，中华文明的历史之河奔流到现在。

　　中华文明是人类历史上最伟大的文明之一，是人类文明发展的主要构成。中华文明丰富、深刻、辉煌、博大，在人类文明中的骨干作用和领导作用人所共知。在人类文明的发源时期，中国就是四大古国之一，是地球上文化的策源地之一。在人类文明的早期，中华文明成为文明在东方的支柱，公元前后200年间，人类的汉帝国与罗马帝国这两只铁手攫住了地球。在欧洲进入中世纪的时候，中华文明更成为人类文明最主要的领导，它的文明统治东亚，传遍世界。进入近代，中华文明处于自身的重压和西方的欺凌下，但中国人民的斗争史和奋起精神是人类文明历史中不可缺少的一页。

　　五千年的中华文明为人类贡献出了从思想家孔子到科学技术的四大发明、从唐诗宋词到长城运河的伟大创造，贡献出了从诸子百家到宋明理学，从商周铜器到明清文学的深刻内涵，也贡献出了从五霸七强到三国纷争、从文景之治到十大武功的辉煌历史。中华文明的历史绚烂多彩，在人类文明的历史长河中永放光芒。

　　中华文明也是人类历史上最独特的文明，没有哪一个文明像中华文明这样持久，这样统一一致。世界上其他文明不但互相交错，其创造者也都与高加索体质的人种有关，它们是姐妹文明。在人类历史中，只有中华文明才是独特的，它的创造者是中国土地上的中国人民，与其他任何地方的人民都没有关系，它的文化是统一一致的文化，可以不依赖于其他任何文明而生存，但中华文明也绝不是封闭的，它接受他人的文化，也承担自己对于人类的责任。

　　人类进入新世纪，中国的社会经济发展令世人瞩目。人们对于世界未来的政治和经济结构的估计无不以东亚和太平洋为中心，而尤以中国为重点。

　　经济起飞只是当代中国的一个方面，中国的精神文明的建设尤为刻不容缓。如果中国要自觉地发展中华文明，要有意识地使中国的发展具有世界意义，就必须发展强有力的精神文化，这样才能使中华文明的发展进入一个新的阶段，才能形成中国和中华文明的全面现代化。

而中国的精神文化的发展植根于中华文明的伟大传统之中。进入近代之后，在西方文化的冲击下，对于中国文化的价值产生大量的情绪化和激烈冲突的论调。"五四"运动打倒孔家店的口号具有冲破封建束缚的时代意义，对中国文化的发展有不容否认的正面意义，与文化虚无主义是完全不同的。文化虚无主义者否定中国传统文化，在现代化的旗帜下主张全盘西化；而复古主义则沉迷于中国文化的古董，走进反进步、反科学的泥潭。

历史的发展则超越了所有这些论点，产生这些论调的一百多年来的中国近代史已经结束。历史要求中国发展，要求中国走在全世界发展的前列。西化论和复古论都已过时，历史已经要求世界超越西方，中国可以承担起世界的命运，而中国的现实和世界的历史都说明，中国的使命在于它的发展前进，而非倒退。

中华文明走出迷惘的时代，我们这一代处在一个伟大而具有挑战的历史阶段。

总结历史、展望未来，这就是《话说中华文明》的意义和使命。我们创作《话说中华文明》，力求总结和回顾中华文明的全貌，在内容和形式上都开创一个新的局面。在内容结构上，既具有一定的深度，又具有相当的广博性，既有严谨、准确的学术价值，又有活泼、流畅的可读性。我们在本丛书内容纳了中华文明的各个方面，使它综合了大规模学术著作的系统性、严密性和普及读物的全面性、简易性，它既可作为大型工具书检索中华文明的各个成分，又可作为通俗的读物进行浏览。

我们从上世纪90年代初起就开始思考中华文明的历史和现实问题，并逐渐形成了编著《话说中华文明》的设想。在开展这项庞大的文化工程之始，我们就聘请了国内权威学者李学勤、罗哲文、俞伟超、曾宪通、彭卿云诸先生担任学术顾问，他们对计划作了充分讨论，并审阅了大量初稿。我们聘请了广州、香港地区的社会科学学者、大学教师、研究生以及我社编辑人员几十人担任稿件的撰写工作。

通过创作这部书，我们深深地感受到了中华文明的博大精深，也感受到了它的内在缺陷。中华文明具有辉煌的时期，也有苦难的年代，有它灿烂的成就，也有其不足的方面。中华文明在自身中能够吸取充分的经验和教训，就能够使自身健康壮大，成长发展。

通过创作这部书，我们也深深感受到了出版事业的使命和重任。我们希望这部书能受到广大读者的喜爱，起到它所应当起的作用。为中华文明的反省、前进和奋起作一点贡献。

目 录

战乱不断的南宋

战乱不断的南宋

南宋

宋高宗变革兵制

　　宋高宗建炎年间（1127~1130），南宋兵制有了变革，与北宋兵制有所不同。

　　靖康元年（1126），康王赵构被钦宗任命为兵马大元帅，所辖兵力只有1万人，分前、右、左、中、后五军，这是南宋重新组编军队之始。康王即帝位之后，由汪伯彦和宗泽分别率领的两支队伍，成为南宋重新组军的骨干力量。李纲任相后，曾提出一个重新"团结新军"的方案，未能付诸实施，但是，却表明原有北宋禁兵的各种番号和编制，已无恢复的可能与必要。高宗建炎年间，作为南宋军的主力，大致有三支，一是御营军，二是宗泽的东京留守司军，三是陕西军。

　　高宗即位之后，就闲置了北宋的枢密院和三衙，另外设置御营司，由宰相和执政兼任御营使和副使，其下设都统制，统管御营军。御营军初分为五军，后分而为三：刘光世的御营副使军，韩世忠的御前左军和张俊的御前右军。这三支部队实际上独立成军，御营司直属部队并不多，权限大为削弱。建炎四年（1130），南宋朝廷取消事实上已无实权的御营司，将御前军、御营军分别改为神武军、神武副军，统归枢密院领导，从而恢复了北宋枢密院管军旧体制。宗泽的东京留守军号称百万，是建炎初年南宋的主要抗金力量，而吴玠率领的川陕军在抗金战争中力量也不断发展壮大。建炎年间，战乱连绵，兵无定制，除上述诸军外，还有独立的镇抚司军。宋廷曾出于权宜之计，任命了二三十名镇抚使，但到后来其建制全部取消。

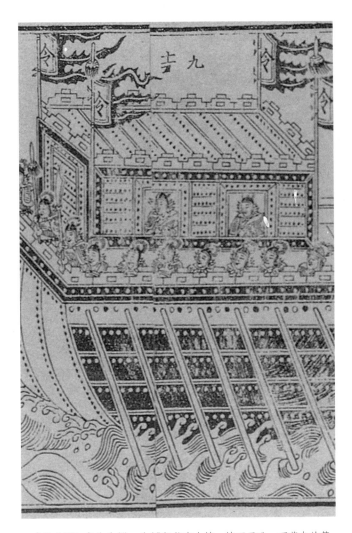

《武经总要》中的斗舰。斗舰船舷有女墙，墙下开孔，可蔽身放箭，是攻守兼备的战舰。

战乱不断的南宋

《临萧照瑞应图卷》绘赵构从磁州北回，渡河时刚上岸冰即拆裂，高宗幸免于难。

《武经总要》中的走舸。走舸是轻便高速的战船，来去如飞，用作突然攻击。

宋建水军

南宋水师的规模和数量都大大超过了北宋，水军在南宋已成为与陆军并重的一个重要军种，对维持南宋半壁河山的统治，发挥了重要作用。

宋高宗即位之后，宰相李纲就提出了在沿江各要地设立水军、教习水战的建议，但由于一些人的阻挠，此计划未能付诸实行。此后，为了镇压杨幺起义军，宋廷被迫大量打造战船装备部队，使水军数量增加。岳飞收编了起义军中大批擅长水战之人，以及战船千余艘，其中包括几十艘作为主力舰的大车船，岳飞部水军迅速扩大。此外，刘光世部有水军5000余人，张俊军虽未设水军，也拥有大小战船380余艘。绍兴四年（1134），宋廷曾下令，要求临安、平江、镇江、秀、常、江阴、太军、池、洪、兴国、鄂、岳、潭等州军"各置水军，以五百人为额，并以横江为名"。但这项诏令未能付诸实施，直到次年，张俊收编原杨幺起义军周伦等部后，才拼凑成横江水军10个指挥，约5000人。宋廷还曾设置沿海制置使司，专门负责海防，其所属的水军，舟船数百，士卒逾万，由副使马扩负责"阅习水军战舰"（《建炎以来系年要录》）。孝宗以后，宋廷在沿淮、沿江和沿海陆续设置了20余支水军，分布在各重要州军，以防御金军的南侵。其中主要有：鄂州（今湖北武汉）都统司水军，平江府许浦水军，殿前司浙江水军，庆元府（今属浙江）定海县沿海制置使司水军。后两支水军均有1万人，平江府许浦水军最多时达1.4万人，是南宋最大的一支水军。

到南宋中后期，沿江、沿淮和沿海各重要的府州军，大都设有规模不等的水军。宋廷尤其重视长江下游至两浙路沿海的水军。对于水军的统辖体制，各个时期也不尽相同。如宋孝宗时，一度以知建康府兼沿江水军制置使，统领沿江及沿海15州水军。而大多数情况下，都由各地制置司、安抚司及水军司自行管理。

南宋初的《雪溪行旅图》，描绘了隆冬季节一队牛车跋涉的情景。

THE CHINESE CIVILIZATION

　　南宋凭借着水军优势，能够抵御金、元军的南侵，得以立足江南，偏安一隅。如绍兴末年金军南下，遭到宋水军拦截，失败而回。宋元战争中，南宋也是依仗水军与蒙古军抗衡了一段时日。后来，随着其优势的丧失，南宋的末日就来到了。

杨万里论易

　　南宋初年，著名诗人、学者杨万里以满腔的爱国热情忧国忧民，提出了较为系统的"兴国在人"的社会政治观点。继承古代唯物主义思想传统，用"元气"说改造了周敦颐的《太极图易记》，并与程朱理学相对垒。他的学术著作有《诚斋易传》、《庸言》、《天问天对解》等。

　　杨万里继承和发扬了前人"气"的宇宙观，在他的《天问天对解》中，对屈原的《天问》和柳宗元的《天对》中关于宇宙起源和天体演化等根本问题作了通俗的解释，阐明了他的朴素唯物主义宇宙观。他认为，宇宙天地是混沌的"元气"自然形成的，没有神秘的造物主主宰，宇宙万物的变化、构成，都是它自身对立面之间相互作用的结果。他还充分肯定柳宗元的宇宙无限思想，认为天体无边无际，没有所谓偏僻角落。他用物质性的"元气"解说人和生命，引发出无神论观点，并反对天人合一和天人感应的神学思想。他继承发扬了柳宗元《天对》的思想传统，与朱熹对《天对》的非难和对《天问》的解释相对立。

　　杨万里在宇宙观上的最大贡献，是他唯物主义地改造了周敦颐的《太极图易说》的客观唯心主义的宇宙生成论。他针对周敦颐的"无极"为"虚无"，根据"元气"学说进行了自己的阐述，具体入微地表达了阴阳二气在构成宇宙万物中的神妙作用，去掉了周敦颐的"虚无"含义。他在"道"和"气"的关系问题上，也和程颐的思想相对，对所谓只有精神性的"道"或"理"才是永恒存在的观点进行了抨击，他指出，只有物质才是不灭的，并认为，有了天地然后才有自然万物和人类社会，有了人类才出现君臣上下，并产生

战乱不断的南宋

维护君臣上下的礼义道德，而不是先有"理"。杨万里吸取《易经》中观物取象的观念来阐述自然的种种变化现象，同时又打破《易经》占卜问卦的神秘色彩，赋予以观物取象的唯物内容。

杨万里吸取了《易经》的变化发展观点，认为《易经》一书所谈的变易之道是讲述阴阳二气的变化发展规律，他指出阴阳二气是对立统一的，它们的矛盾导致永不休止的运动，这反映了宇宙变化发展的规律，由此他提出"天非和不立，物非和不生"的命题，可见他已自发地猜测到客观自然界的事物具有对立统一的辩证关系。

在认识论上，杨万里肯定人的认识来源于客观世界，是客观世界的反映，因此他强调后天学习的重要性，也强调思维的重要性，只有通过学习、观察和思维，客观世界才能被认识。

杨万里的思想也有局限性，他的无神论思想不够彻底，未能完全否定鬼神的存在，他信奉儒学，对伦理纲常、中庸之道均推崇。但总的看来，他敢于大胆创立一家之言，提出许多当时人们认识水平所不能达到的符合客观事实的诊断，在理学泛滥的年代里是十分可贵的。

宋琴派出现

随着城市经济的高度发展，宋代的音乐艺术十分兴盛，市民音乐在前代民间音乐的基础上有很大发展，远远超过了唐代。随着音乐的兴盛，各种乐器和器乐较前代有重要发展，各种形式的独奏、合奏独立性增强，七弦琴音乐和琴论在宋代也有重要发展。北宋琴家成玉涧的《琴论》十分重视悟性、意境和气韵。他说："攻琴如参禅，岁月磨炼、暼然省悟，则无所不通，纵横妙用而尝若有余。"宋代的琴曲数量增多，表现思想和意境的技巧提高，较唐代出现了更多的琴人，并形成琴派——北宋以琴师朱文济为首的琴僧系统和南宋以郭楚望为代表的浙派。事实上，两浙（浙东、浙西）琴家早在北

宋时期已有良好声誉，成玉涧评论说："京师过于刚劲，江西失于轻浮，惟两浙质而不野，文而不史。"（《琴论》）

　　郭楚望的重要作品《潇湘水云》，通过水光云影的描绘，抒发了作者对于现实生活的关切与超脱。《潇湘水云》经历代琴人加工发展，形成多种传谱，至今承递不衰，对后世影响极大。此外，郭楚望还作有《飞鸣吟》、《泛沧浪》等。他在辑录整理传统琴曲方面也做出了重要贡献。浙派著名琴人还有毛敏仲、徐天民等，浙派提倡纯器乐音乐，对后世琴艺有深远影响。

南宋

1127A.D. 宋靖康二年　宋高宗赵构建炎元年　金天会五年　夏正德元年　西辽延庆四年

宋割河北、河东与金，两河百姓不奉诏，纷起抗金。

宋帝复至青城金营，遂被留，宋副元帅宗泽叠败金于大名、开德。

三月，金立张邦昌为皇帝，国是楚，都金陵。

四月，金兵退，俘宋帝、太上皇帝及六宫皇族北去。宋康王构即帝位于南京，改元建炎，是为宋高宗。

十二月，金分三道侵宋。是岁宋各地大乱，河北、河东更群起抗金。

宋僧茅事元创立白莲于近期。

1128A.D. 宋建炎二年　天会六年　夏正德二年　西辽延庆五年

正月，金侵宋京东西及陕西。

二月，金图攻宋东京，屡为宗泽所败。

七月，宋东京留守宗泽屡请宋帝回京，不听，忧愤死。金闻之，遂谋大举南侵。

金封宋徽宗为昏德公，钦宗为重昏侯。

十一月，金破宋延安府，自是陕北诸州多沦于金。

十二月，金破宋东平、北京。

1129A.D. 宋建炎三年　金天会七年　夏正德三年　西辽延庆六年

二月，宋帝南奔杭州，金入扬州，焚之而去。

三月，苗傅等逼宋帝禅位皇子，改元明受。

四月，宋帝复辟，苗傅等寻败死。

五月，宋帝至江宁，改为建康府。

十月，金大举南侵，一支趋江西，一支趋两浙。宋帝至临安府，又赴越州。

十一月，金兵渡江，连破抚州、建康；十二月，破临安府、越州；宋帝如明州，旋入海。

1130A.D. 宋建炎四年　金天会八年　夏正德四年　西辽延庆七年

正月，金破定海、明州，以舟师追宋帝，不及；宋帝至温州。金陷东京。

三月，金兵至镇江，韩世忠遏之于江。

九月，金立刘豫为皇帝，国号齐。

1128A.D.

约自此时起，基尔特普遍发展。

1129A.D.

约在此时有厄尼利阿斯者，开始在意大利之波隆大学请授罗马法（查士丁尼之法典）。

战乱不断的南宋

宋高宗即位改元建炎南宋开始

　　靖康元年（1126，金天会四年）十一月初，宋钦宗派康王赵构和王云为割地请和使赴金营，以同意割让三镇为条件向金乞和。十一月中旬，赵构、王云到达磁州（今河北磁县）。磁州知州宗泽告诉赵构，东路金军已从魏县（今河南魏县东北）渡过黄河，向开封进发。宗泽认为金军不守信义，此去凶多吉少，劝康王不要去金营，而应起兵进援都城。赵构只好留在磁州。

　　十一月底，金兵包围了开封城，京城危在旦夕。钦宗派人持蜡书到相州，任命赵构为兵马大元帅，陈遘为元帅，宗泽、汪伯彦为副元帅。十二月初一日，赵构在相州开元帅府，聚兵万人，分五路救援开封。自己却率领大队兵马逃至大名府后（今河北）随即又往东平府（今山东），继而再逃向济州（今山东巨野）。是月二十五日，开封失陷，十二月初二，钦宗向金人奉上降表。次年二、三月，金废宋徽、钦二帝为庶人，册立张邦昌为楚帝，然后撤兵北归。金兵一退，开封军民和朝廷旧臣即不再拥戴张邦昌，同时各路"勤王"兵马纷至沓来，声讨张邦昌。张邦昌只得迎宋元祐皇后入宫、垂帘听政，并迎奉康王赵构。四月，元祐皇后手书至济州，劝康王即帝位。五月初一，赵构于应天府（今河南商丘）登基，改元建炎，重建了宋王朝，史称"南宋"。

宋泽保卫东京

　　建炎元年（1127）年六月，因李纲推荐，宗泽出任东京留守、知开封府（今河南），负责守卫旧都。

　　宗泽到任后，大力加强开封的守备，积极募集新军、加以训练，同时和河北的忠义民兵，特别是王彦的"八字军"、五马山寨义军等建立密切联系，使以前散在各地的一些农民起义军，如河北的杨进、李贵，河东的王善等都

南宋文官像

自动投奔到他的旗帜之下，听他节制。开封的形势迅速好转，守备大大加强，多次打败了金军的进攻。在这种形势下，宗泽坚决要求朝廷派大军北伐、收复失地，并请求高宗速还汴京。他的出兵计划一直得不到高宗的批准，他二十多次奏请高宗还京，均为黄潜善、汪伯彦所阻，不被采纳。宗泽忧愤成疾，疽发于背，建炎二年（1128）七月病逝，终年七十岁。死前一日，他长吟"出师未捷身先死，长使英雄泪满襟"的诗句，并嘱咐部将们要继续抗金，至临终无一语言及家事，只是连呼三声"过河"，念念不忘抗金大业。

宋各地军民抗金

　　建炎元年（1127，金天会五年）四月，金军撤出开封（今河南），但黄河以北广大地区都落入女真贵族手中，激起了华北人民的激烈反抗。其中主要活动在河东各州县（今山西境内）的是红巾军。红巾军的来源主要是农民群众，他们多结为忠义社，以红巾为标志，到处邀击女真军队，无所畏惧，其中在泽潞（今山西东南地区）间的一支红巾军曾几乎袭破粘罕的大寨。

　　九月，他们一度收复了新乡县（今河南），后遭金兵围攻，败退至共城县（今河北辉县）西的太行山区继续抗金。士兵们为了表示坚决抗金的决心，在脸部刺上了"赤心报国、誓杀金贼"八个字，从而得名"八字军"。八字军的抗金斗争得到了两河人民的热烈响应，人数总计十余万，兵寨绵亘数百里，金鼓之声相闻，成为黄河以北一支最强大的抗金力量。后八字军精锐渡河到开封（今河南）与宗泽汇合了。翟进在北末以战功充京西第一将，屡次打败契丹兵。金灭北宋后，他率兵入山寨继续抗金。建炎二年（1128，金天会六年）三月，他乘金人入援陕西之机，率兵收复了西京（今河南洛阳），经宗泽推荐被任命为知河南府（今河南洛阳东）、充京西北路安抚制置使。四月，他率兵袭击金军，其子翟亮战死。接着又率领韩世忠等与金兵战于文家寺，战败，世忠收兵南归。十月，叛将杨进进攻汝州（今河南临汝）、洛阳（今河南），翟进受命讨伐，激战于鸣皋山，破敌四寨、追数十里，因马惊附入濠堑，为杨进所害。

南宋武士像

宋发生苗刘之变

建炎元年（1127）十月，宋高宗留住扬州以来，以内侍省押班康履为首的宦官骄恣用事、妄作威福，引起诸将及士大夫的不满。扈从统制苗傅、威州刺史刘正彦等人密谋发动兵变，先斩王渊、再杀宦官。

建炎三年（1129）三月五日，苗傅幕宾王世修伏兵城北桥下，等王渊退朝路过，即掼下马，刘正彦以勾结宦官谋反的罪名当即把他斩首。接着苗、刘率兵包围行宫，一面分兵捕杀宦官康履、曾择等，一方面胁迫宋高宗传位于三岁的皇子赵旉，改元明受，请隆祐太后（即元祐皇后）垂帘听政，尊高宗为睿圣仁孝皇帝，居显宁寺，改称睿圣宫。苗傅升任御营使司都统制，刘正彦为副都统制。

苗刘之变消息传出后，驻守平江府（今江苏苏州）的礼部侍郎、节制军马张浚与知江宁府（今江苏南京）、同签书枢密院事、江东安抚制置使吕颐浩即决议起兵讨伐，并得到屯守吴江（今江苏）的御营前军统制张俊、由盐城（今江苏）来的御营平寇左将军韩世忠及殿前都指挥使、制置使刘光世的支持。三月甲午，吕颐浩在江宁起兵勤王，次日进至丹阳（今江苏）。戊戌，韩世忠部也从平江出发进驻秀州（今浙江嘉兴）。同日，吕颐浩、张浚、刘光世、张俊、韩世忠等联名传檄中外、声讨苗刘。接着，以韩世忠为前锋、张俊翼之，刘光世为游击，吕颐浩、张浚总中军，从平江大举出兵讨伐。苗、刘闻讯后，大为惊恐，被迫朝见高宗于睿圣宫，并在宰相朱胜非等的督迫下，同意高宗复位。四月初一，高宗还行宫复辟，与隆祐太后御前殿垂帘听政，恢复建炎年号，赵旉被立为皇太子（后于八月卒）。四月庚戌，吕、张等军至临平（今浙江余杭），大败驻防的苗刘军苗翊、马柔吉部，推进至北关。苗、刘二人乃引精兵二千人夜开涌金门出逃，韩世忠、张浚、刘光世入城，拜见高宗于内殿。苗刘逃走被捉，磔于建康。

钟相起义

　　武陵（今湖南常德）人钟相，以行医为名，利用巫教作掩护，从事革命宣传二十余年。他提出"等贵贱均贫富"口号，深得群众拥护。洞庭湖周围数百里内的贫苦农民，翕然从之。钟相于二月十七日发动武装起义，各地群众群起响应，众号四十万，鼎、澧、潭州和荆南境内十九县，均为起义军所控制。二十一日，钟相被推为楚王，建国号楚，年号天载。起义军所到之处，诛杀官吏、僧道等，废除封建官司法令，蠲免差科赋税，打乱了封建统治秩序。鼎州城内豪商官绅地主，为消灭起义军，把孔彦舟引入城中。孔彦舟一面放出不与义军为敌的消息，以麻痹起义军，一面则派遣大量匪徒混入起义军中进行破坏。三月二十六日，孔彦舟派兵突然袭击起义军，里应外合，攻占了钟相的大寨，钟相父子突围后在一个山谷里被俘，最后被害于湖南攸县。起义军在杨么的领导下继续坚持斗争。

秦桧南归

　　秦桧，江宁（今江苏南京）人，政和（1111~1118）中进士。靖康末任御史中丞。汴京（今河南开封）陷落时留城中，上书金帅请存赵氏，反对立张邦昌。被俘至金后，为挞懒所信用，挞懒南下侵宋，以秦桧参谋军事，又任为随军转运使。建炎四年（1130）、金天会八年十月，挞懒攻陷楚州（今江苏淮安），秦桧与妻王氏等自军中趋涟水军（今江苏）。十一月初，航海至行在越州（今浙江绍兴）。自称杀金人监己者，夺舟来归。当时朝中百官多怀疑被俘至金者众多，何独秦桧得以生还？但宰相范宗尹、同知枢密院李回与秦桧素来友善，乃尽破群疑，力荐其忠。高宗乃命先见宰执，接着又亲自召见。秦桧便提出了天下"南自南，北自北"的议和主张，并呈上向挞懒

战乱不断的南宋

杭州岳王庙秦桧夫妇铁像

求和书。以为得一"佳士"，迅即用为试礼部尚书。次年二月，升为参知政事。八月，拜相。宋高宗自即位以来屡次遣使于金求和，且守且和。专意与金解仇息兵，一意求和，实始于秦桧南归以后。

李唐绘画承前启后

南宋画家李唐一变北宋山水画风格严谨的格局，开启南宋水墨山水画笔墨苍劲、造型简洁的新面貌，在两宋绘画史上起到承前启后的作用。

李唐，字晞古，河阳（今河南孟县）人。北宋徽宗时画院画家，金兵攻破汴梁后，他辗转到了临安（今杭州），流落街头，以卖画为生。建炎年间，得到太尉邵宏渊推荐而重入画院。李唐之画，颇得宋高宗赵构赏识，认为可与唐代著名画家李思训的金碧山水相媲美。

李唐擅长于山水、人物、禽兽、界画，尤精于水墨山水和人物。山水师法于荆浩、关全、范宽而有所变化。山石四面厚峻，山顶林木茂密，墨气厚重，皴法老硬，用笔刚劲缜密，再现了北方山水的峭拔雄浑。到江南以后，用墨更加淋淳畅快，爽利简略，以表现江南的山明水秀，云烟变幻。在布局上，多取近景，突出方峰或崖岸，他改变了以往全景式山水的构图法，采取了顶天立地的方式，突出描绘自然山水的一角。这些都开宋代山水画新风。李唐的人物画表现了强烈的感情，寄托对祖国河山的眷念和复仇雪耻的愿望。

李唐作品现有《万壑松风轴》、《长夏江寺图》、《江山水景图》、《采薇图》、《晋文公复国图》等。

《万壑松风图》作于1124年，时年李唐已70高龄。这是李唐反映北宋时期山水画面貌的作品，画面正中主峰高峙，峭壁悬崖间有飞瀑鸣泉、白云缭绕，茂密高大的松林，郁郁葱葱，整个景物逼人眉睫，加上笔墨爽健苍郁，给人一种气势磅礴的感觉。赞颂了大自然的雄壮之美。

《江山水景图》与此图格调接近，但笔墨更为简练老健。

《长夏江寺图》今藏北京故宫。绢本，青绿重设色，但仍以墨笔勾皴为主，勾勒挺健多断折，皴笔横劈竖砍，放纵自由，以大斧劈皴和青绿着色相结合，这是一处大胆的创造，后人称其手法为"斧壁皴"。

战乱不断的南宋

《万壑松风图》，李唐画。

《采薇图》，李唐画。

　　《采薇图》是其人物故事画代表作，绢本，水墨减设色。描写殷贵族伯夷、叔齐不食周粟，隐居首阳山采薇为食的故事，作者选取了他们采薇中休息的瞬间，伯夷抱膝而坐，双目凝注，叔齐身体前倾，似在讲话。通过人物姿态与面部的刻画，表现一种坚强刚毅、不折不挠的性格。右边古藤缠绕松，左边枫树奇崛如铁，有力地烘托了两人会心交谈的悲壮场面，此图在中国古代人物画中，是一件不可多得的成功作品。

　　李唐对稍晚于他的刘松年、马远，夏圭等人的绘画创作影响很大。南宋画院水墨苍劲一派，李唐实为开拓者，后人将他列南宋四家之首。

宋桌椅成为主导

宋代家具的最大特点是民间普遍使用桌子和椅子，彻底改变了自古以来席地而坐的生活习惯。

北宋时流行的椅子式样主要有两种：一种是交椅，另一种是直腿椅。交椅又名交床、胡床、绳床。当时的交椅只设有圆形搭脑的椅圈和绳编的软坐屉。到南宋时，才第一次出现了头部有倚靠的太师椅。传说临安府的长官吴渊有一次见到太师秦桧在国忌所坐在交椅上打盹，偃仰之间，头巾落到地上，便当即设计出荷叶托首40柄，运到国忌厅，命令工匠当场安装完毕，凡是宰相、执政、侍从官每人都有，所以号称"太师样"（张端义《贵耳集》）。坐在太师椅上，虽然头部有所倚靠，两臂仍然无处安放，于是又出现了"三清椅"，两臂可以搁在"按手"上。

北宋时，直腿椅的使用者逐渐增多。在河南方城的北宋墓中，曾发现有石雕的直腿椅子（《文物参考资料》1958年第11期）。在今河南禹县白沙发现的北宋墓中，第一号墓和第二号墓的壁画上，墓主夫妇所坐椅子都是直腿靠背椅。

因为人们从席地而坐到使用椅子，桌子四腿的高度也相应提高。桌子的样式视需要而定。四川广汉北宋墓中，出土的一张长方桌子，四脚宽厚，四足呈马蹄形（《考古》1990年第2期）。

北宋初年，桌椅仅限于富贵人家使用，到北宋中期以后才逐渐普及到平民家庭。但这时基本上还只限于男子们使用。在士大夫家，妇女如果坐椅子或兀子，就会被人讥笑为没有"法度"（《老学庵笔记》卷四）。南宋时，这种习俗才逐渐改变。

桌椅的流行和人们起坐习惯的改变，使整个家具的形制、格局都有变化，如床榻、镜台、屏风等物的的尺度增高，各种家具在室内的摆放形成了一定的格局。

折扇再次传入宋

折扇是南北朝时由朝鲜或日本传入中国的。中国古代的扇子有多种样式，如团扇、掌扇、五明扇、雉尾扇等等。南齐时有官员开始使用折叠扇、称为"腰扇"，但一直未能在民间流传开来。

北宋时，折叠扇再次从朝鲜传入。苏轼诗中曾提到过"高丽白松扇"，"高丽"就是指朝鲜。传说宋高宗赵构（1107~1187）躲避金军的进攻时，曾经随身携带一把折叠扇，用玉雕童子作为扇坠（《夷坚续志》前集卷一）。南宋时使用的折叠扇一般用蒸竹做扇骨、扇面用绫罗制成。富贵人家也有用象牙作为扇骨、用金银加以装饰的（赵彦卫《云麓漫钞》卷四）。南宋的折叠扇的使用已经非常广泛，在临安府就有专门制造销售折叠扇的店铺，其中最著名的是周家折叠扇铺（《梦粱录·铺席》）。

韩世宗黄天荡大败金军

建炎四年（1130）、金天会八年二月初，兀术未能追上宋高宗，率军焚临安城（今浙江杭州）北还。行前，纵兵大掠，因满载卤掠辎重不能陆行，遂取道秀州（今浙江嘉兴）、平江（今江苏苏州）、常州（今江苏）沿运河而行。二月丁已，金军至镇江（今江苏），为浙西制置使韩世忠所阻。韩世忠原先驻军秀州青龙镇、江湾（今上海境内）一带，闻兀术已赴平江，乃移师镇江以待。金兵至，韩世忠以八千人屯焦山寺（今江苏镇江北焦山）。兀术欲过江，遣使通问，且约战期。两军交战数十回合，世忠妻和国夫人梁氏亲擂战鼓助阵，金兵终不得渡江。兀术遣使致词，愿归还在江南俘掠的财物人口，并增益以名马，均遭韩世忠拒绝。兀术只得率兵沿长江南岸西行，世忠率舰循江北岸并行，且战且走，最后把金兵堵在了黄天荡（今江苏南京东北江边）。黄天荡是条死水港，金军多次突围，均未奏效。后听说有老鹳河故道可以通秦淮，乃发军占之，一夕开渠数十里。得以逃往建康（今江苏南京），但仍不得过江。四月，福建人王某向兀术献策，舟中载土，上铺平板，穴船板以棹桨，待无风时出击。韩世忠的海舟庞大，无风不能动，可以火箭射败之。兀术依计而行，世忠军遂大败，退还镇江，兀术得以渡江北归。韩世忠以八千兵抗拒金兵十万之众，阻击四十八日，虽败而使金军从此不敢轻易渡江，南宋都城临安（今浙江杭州）和半壁江山得以保全。

战乱不断的南宋

南宋

1131A.D. 宋绍兴元年　金天会九年　夏正德五年　西辽延庆八年　伪齐阜昌元年

金连下熙河诸州，于是尽得关中南以北地。八月，秦桧为相。

十月，吴玠再大破金兵于和尚原。

耶律大石建立西辽。

1132A.D. 宋绍兴二年　金天会十年　夏正德六年　西辽延庆九年　伪齐阜昌二年

于钟相已死，杨太领其众，据洞庭，称大圣天王。

1134A.D. 宋绍兴四年　金天会十二年　夏正德八年　西辽康国元年　伪齐阜昌四年

五月，岳飞复郢、唐、随州、襄阳，七月复归州。

十二月，岳飞军败金兵于广州。

1135A.D. 宋绍兴五年　金天会下三年　夏大德元年　西辽康国三年　伪齐阜昌五年

正月，金太宗死，谙班勃极烈亶嗣，是为熙宗。

四月，宋徽宗死于金。

岳飞破洞庭水寨，杨太败死。

1138A.D. 宋绍兴八年　金天眷元年　夏大德四年　西辽康国五年

正月，金颁行女真小字。

三月，宋复相秦桧，自是专主和议。

1140A.D. 宋绍兴十年　金天眷三年　夏李仁孝大庆元年　西辽康国七年

正月，宋遣使如金迎徽宗之丧。

五月，金败盟，复出兵取河南。陕西地，各城不战而下。

六月，金兵攻顺昌，为刘锜所败；攻石壁寨，为吴璘军所败；攻京西，为岳飞军所败；攻淮东，为韩世忠军所败。

闰六月，岳飞军破金兵于颖昌府，克淮宁府，张俊军克亳州，韩世忠军克海州。

七月，岳飞军克西京，又屡败金兵于郾城、小商桥、朱仙镇。

宋帝听秦桧议，诏岳飞班师，于是收复诸城皆失，惟数月中陕西仍时有小战。

1138A.D.

〔神圣罗马帝国〕荷亨斯陶芬家族之康拉德（三世）当选为日耳曼王。

格罗斯忒伯爵罗伯特（亨利一世私生子）以拥戴马提达为名，举兵反。内战自此爆发，英格兰陷于混乱。

025

岳飞等平乱

宋绍兴元年（1131），宋廷命神武右军都统制张俊为江南招讨使、岳飞为副使，负责平定李成乱军。年初，张俊大军到达豫章（今江西南昌），李成乱军驻扎在江州（今江西九江）。张俊先集中兵力，三月初收复筠州，三月底又收复江州，李成败逃至蕲州（今湖北蕲春）。五月，张俊、岳飞大军追到蕲州黄梅县（今湖北），乱军大败，李成投降了伪齐。

绍兴元年五月，舒、蕲镇抚使兼知蕲州（今湖北蕲春）张用招纳流民，公开与宋朝庭对抗。同月，张用率乱军南下江西掠扰。当时岳飞正驻兵于江西，他与张用同是相州汤阴（今河南汤阴）老乡，于是岳飞写信给张用进行招降，张用随后便向岳飞投降，部众被整编为宋朝正规军队。由此，江淮乱军被平定。张俊奏捷朝廷，并称岳飞军功最大，于是皇帝将岳飞官职晋升为右军都统制。

绍兴二年正月，福建起义军首领范汝为攻入建州，韩世忠率步兵三万人破城，范汝为自焚而死。建州之乱由是被平定。

绍兴二年二月，宋廷命岳飞权知潭州兼荆湖东路安抚都总管，讨伐、招安乱军曹成。闰四月，岳家军连败曹成乱军于贺州莫邪关、桂岭关，俘其勇将杨再兴。曹成逃奔连州（今广东连县）。岳飞命张宪追击。曹成败军再逃，后于五月为进驻豫章（今江西南昌）的韩世忠大军所败，乃率众投降韩世忠。

绍兴三年六月，宋高宗派岳飞赴虔州（今江西赣州）平定起义军彭友之乱。岳飞率大军至虔州，彭友率众在于都迎战。岳飞在马上活捉了彭友，余众均降官军。从前，隆祐太后曾在虔州受惊，高宗因此密令岳飞屠城。但是，岳飞请求只诛首恶、赦免民众，高宗答应了。虔州百姓感谢岳飞爱民、为民请命，于是绘像、设祠堂祭祀岳飞。

绍兴三年八月，高宗命岳飞赴临安面圣，岳飞乃携长子岳云于九月九日至临安，13日高宗召见岳飞，并赏赐金带器甲、战袍戎器，另特赐锦旗一面，上绣高宗手书"精忠岳飞"四字。此后，"精忠"成为岳家军的灵魂与象征。

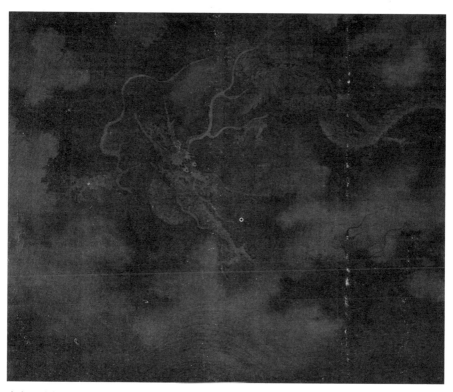

南宋《墨龙图》，陈容画。

同月，高宗又任命岳飞为江西、舒、蕲州制置使，所部也由神武副军改称为神武后军，防区跨长江两岸，自舒州至蕲州，联结中原腹地。十二月又令李横、翟琼、董先、李道、朱皋等抗金部队听从岳飞调遣。从此，岳飞成为与刘光世、韩世忠等相提并论的宋军主将。

岳飞开始北伐

宋绍兴四年（1134）春，岳飞上书宋廷请求北伐齐，收复襄汉。宋廷经过反复讨论，决定由岳飞率军出师北伐。五月，岳家军自鄂州（今湖北武汉）渡江北伐。首先攻克郢州（今湖北钟祥），杀敌7000，尸横遍地。接着兵分两路，命部将张宪进攻随州，岳飞自己则率主力直取襄阳府（今湖北襄樊）。齐将领李成闻讯，急忙弃城北逃，岳飞军兵不血刃收复该城。六月，张宪又攻克随州，齐政权急忙集结三十万重兵在李成的带领下进行反扑，又被岳家军击溃。七月，金朝为阻挡岳家军继续北上，派援军与李成合兵数万，在邓州西北方向排列三十余营寨，企图与宋军决战。岳飞命部将王贵、张宪各率军一部，从东西两个方面进军邓州，同金、齐联军展开激战。随即命王万、董先两军出奇兵突袭，一举击败金、齐联军，岳飞乘胜攻拔邓州，然后岳飞又分兵相继收复唐州（今河南唐河）及信阳。通过这次战役，南宋头一次收复了襄汉大片失地，是宋立国以来局部反攻的一次大胜利。至此，襄阳六郡全部光复。八月，岳飞晋升为靖远军节度使，成为与韩世忠、刘光世、张俊并列的南宋初年四大主将。

宋画《中兴四将图》之岳飞像

宋商业街形成

在宋代，随着市场和交换的发展，城镇进一步繁荣，商业活动迅速发展。这时，城市中一些重要街道形成前所未有的商业街。

唐王朝的商业区即"市"被局限在住宅区即"坊"之内，在城市面积中占很小比例。而且商业活动在时间上也受一定限制。这些都成为商业进一步发展的桎梏。

到了宋代，商业活动在时间和空间上打破了"市"的束缚，主要表现在商业街的迅速形成和发展上。

在时间上，商业街的商店往往三更才关门，五更又开门营业了。更有甚者昼夜营业。像竹竿市一带常常夜里点灯贸易，天明反而休息歇业，所以人称"鬼市"；南宋临安府的主要大街往往昼夜不绝地做买卖，夜晚商业活动之热闹更甚于北宋汴京；据《避暑漫钞》（陆游著）所记，沿海地区也有"鬼市"，半夜合鸡鸣时散，人们可以在这里买到一些异物。这种情况说明商业活动的时间限制基本上被解除了。宋代的商业活动不再被限制在官方设置的市内进行。在大都市、大城镇，商业活动几乎是随时随地都可进行。人们在一些重要街道建造商店，推车挑担沿街叫卖，这样形成了一条又一条商业街。商业区"市"和住宅区"坊"之间的严格界限不复存在了。北宋时东京汴京的相国寺大街，小货行街、马道街等都是著名的商业街。徽宗时皇宫正面的御街也是一条著名的商业街。南宋临安的商业街又多于北宋东京。

宋代出现的商业街有两种大的类型。一、同类店铺聚集在一起。如北宋汴京的小货行街是药材集散地；南宋米市桥街则是米铺汇集处。二、不同类别的店铺混处。如在同一条商业街上，既有金银交引铺，又有店铺经营珠宝生意；既有生药铺和绒线铺，还有米店和鱼店。如：东京金梁桥西大街的枣王家金银铺与荆筐儿药铺比邻，南大街的温州漆器什物铺与唐家金银铺相邻；

临安朝天门街的毛家生药铺和柴家绒线铺比邻，附近还有姚家海鲜铺，西坊街的陈家彩帛铺与官办和剂惠民药局等为邻。这种杂错比邻的不同类商店布局，说明了商业活动所受官府干预减弱了很多。

总之，宋代商业街的出现，说明了商业活动的进一步发展冲破了时间和空间的种种局限；也说明了官府对商业活动干预的减弱。它的出现，是与宋王朝经济发展水平相适合的。

岳飞作《满江红》

岳飞（1103~1142），字鹏举，相州汤阳（今属河南）人。南宋名将、作家。幼时因家贫，其母亲自授学。20岁时应募从军，抗金救国。南宋初已是著名的抗金英雄。他勇敢善战，屡建奇功，历任武安军承宣使，荆南、鄂岳州制置使，检校少保。后入朝封公，拜太尉，授少保，任枢密副使。38岁收复西京，挺进朱仙镇（今开封市西南）。中原义军纷纷响应，收复了大片失地。在此大好形势下，高宗却一日连下12道金牌召回岳飞。39岁被诬入狱，41岁被主和派权臣秦桧一伙杀害。孝宗时追谥武穆，后改谥忠武。宁宗时追封鄂王。

《满江红》是岳飞在戎马征战生涯中写下的许多充满爱国激情的作品中最具代表性的词作，表现了作者对入侵敌寇的无比痛恨和报仇雪耻的迫切心情以及收复中原失地的坚定意志。全词感情激昂，气势磅礴，满腔忠愤喷薄而出，一气呵成，风格粗犷豪放，有着极强的感染力。语言铿锵有力，善用夸张写志抒情。如"怒发冲冠"、"仰天长啸"、"驾长车、踏破贺兰山阙"等，把作者慷慨昂扬、热烈坚定的报国理想和汹涌澎湃、不可遏止的爱国激情充分抒发了出来。作者用词生动准确，如"踏破"，表现出一往无前的气势；"收拾"，显示出坚定从容、满怀信心。由此可见作者深厚的语言功力。《满江红》一词在当时和后代反抗侵略的斗争中起了积极作用，成为千古名篇。

《满江红》的作者问题久已有争论，余嘉锡《四库提要辨证》、夏承焘《岳飞〈满江红〉词考辨》等文，都对词作者及创作年代提出疑问，但所持理由

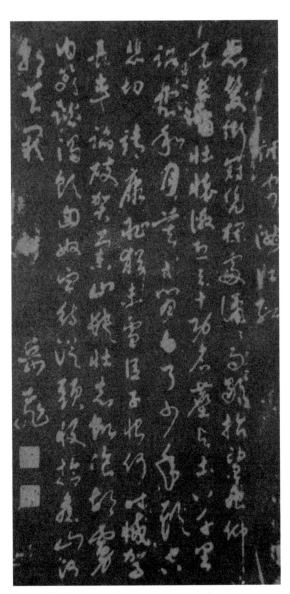

岳飞《满江红》词石刻

均难成立。岳飞兼具"将才"、"文才"，此词气贯山河，昂扬激越，实非他人所易伪作。

岳飞著作有《岳忠武王文集》10卷，有乾隆刊本。

韩世忠大破金兵

宋绍兴四年（1134）十月，韩世忠大军到扬州，韩世忠令部将统制解元率部镇守承州（今江苏高邮），防御来犯的金国军队。韩世忠又率骑兵驻防于大仪（今江苏扬州西北），这时恰逢宋国使臣魏良臣出使金国路过此地。韩世忠于是把部队所用炊具全部撤去，诈称有诏令要把军队移防于平江（今江苏苏州）。魏良臣北去之后，韩世忠立即在大仪镇布下重兵，布成五阵，设伏二十余处，并约定以鼓声为号向敌军发起攻击。魏良臣到达金国后，金军前将军聂儿孛堇向其打听宋军情况，魏良臣把所见到的告诉了他。聂兀孛堇于是率部来到江口，其将挞不野则率骑兵经过宋军五阵的东部。宋军伏兵四起，亲兵精锐背嵬军各持长斧，上砍人胸，下砍马足，金兵大败。挞不野

《中兴四将图》，刘松年画，绘南宋初将领刘光世、韩世忠、张浚、岳飞（从右至左）。

战乱不断的南宋

宋代政和银锭

等两百余人被俘。韩世忠又派部将董日文在天水（今安徽炳辉）鸦口桥一带伏击金军。统制解元亦在承州北门与金军激战，宋军成闵率骑兵前来增援，最后杀敌百余人，俘获甚众。韩世忠又亲率军队追击金兵一直到淮水（今安徽风阳北），金军惊溃，死者甚众。当时舆论认为此次大捷为中兴武功第一。

同年十二月，金军因粮尽及金太宗生病而退兵。淮甸一派残敝景象，朝廷上下均视之为畏途，唯有韩世忠愿意领兵前往。于是次年三月，韩世忠携夫人梁红玉，率大军自镇江出发，全师过江，进驻楚州（今江苏淮安）。夫妇二人身先士卒，披荆棘，立军府；抚集流散之民，通商惠工；打击金兵。此地后来成为苏北重镇。

绍兴六年二月，张浚命京东宣抚使韩世忠从承、楚二州出发攻打淮阳（今江苏邳县西南）。韩世忠领命围住淮阳，敌我双方相持不下。刘猊及金兀术率金援军先后到达淮阳，宋军兵力不足，韩世忠于是向江东宣抚使张俊求救，张俊不肯发救兵，韩世忠只好退守楚州（今江苏淮安），途中又遭遇金军，宋军将其击退。同时淮阳民众跟随韩世忠南归的人有上万。四月初，因淮阳之役高宗赐韩世忠号扬武翊远功臣。

宋金开始议和

宋绍兴三年（1133）、金天会十一年五月，宋廷以韩肖胄为端明殿学士、同签书枢密院事、充金国军前奉表通向使，胡松年任副使，到金国议事求和。五月六日韩肖胄自临安（今浙江杭州）出发，九月抵达云中（今山西大同）与金左副元帅宗维议事。十一月宗维派安州团练使李永寿、职方郎中王翊等与韩肖胄偕同南来，与宋议和。宋高宗即位以来，一意求和，曾数次派人到金国，六七年不曾间断，而金国至此才第一次派人南来，宋派专人隆重迎接。十二月，金使到达临安。李永寿等甚为傲慢，要求宋归还伪齐俘虏及在东南的西北士民，并划江为治，江北之地全部给刘豫。宋朝廷感到不能接受。次年正月，宋再派枢密都承旨章谊等出使金国，提出归还徽、钦二帝及河南地的要求，李永寿等也同时回金。这是宋金双方第一次较正规的谈判接触，金人开始放弃消灭南宋的战略，宋金对峙的态势趋于形成。此后，宋金就议和一事曾多次进行接触。宋绍兴四年九月，宋廷任魏良臣、王绘为通问正、副使，赴金谈判。高宗叮嘱不要与金人在岁币、岁贡数量上斤斤计较，请金国早日放宇文虚中南归，因为其父母年事已高。绍兴五年五月，宋高宗不顾中书舍人胡寅的反对，派修武郎何藓备厚礼欲与金修好。到绍兴七年正月宋使何藓自金返回，并带回消息：徽宗及宁德皇后相继逝世。于是高宗派王伦、高公绘为奉迎梓宫正副使出使金国，并附带进皇太后及钦宗黄金各 200 两、赐宇文虚中黄金 50 两。绍兴八年十二月，金使张通古至杭州。尽管宋朝军民群情激愤，但高宗、秦桧已决心投降，秦桧以宰相身份跪拜接受金朝的诏书，承认了金宋之间的君臣关系。绍兴九年正月，南宋正式宣布和议成立，和约规定：金以河南之地予宋，宋向金岁贡银绢共五十万匹两。当时驻兵在外的主战派张浚、岳飞等曾多次上疏，表示反对和议，但终究无济于事。

金佛殿兼采辽宋

　　金在灭辽和北宋以后，统治了中国北部和中原地区。在建筑方面，既继承了辽制，又吸收了宋制，所用工匠大多为汉人，所以形成了宋、辽掺杂的情况。在建筑规模及结构、柱网布置上采用了大空间、大内额、减柱等手法。

　　体现辽代特点较多的有山西大同华严寺大殿和善化寺三圣殿及山门。华严寺大殿建于辽重熙年间，金天眷三年（1140）重修。殿面阔九间，长 53.90 米，进深五间（十椽），宽 27.50 米，单檐庑殿顶，建在前面有月允的高台上。柱网布置是以安放佛像、礼佛等实际需要出发，将大殿当中五间，每缝只用两根金柱，扩大了使用面积，在结构上体现了很大的灵活性。大殿构架近于厅堂型"十架椽屋前后三椽栿用四柱"的形式，这种构架也是为取得室内宽敞的空间，由此在殿内形成了前、中、后三跨，宽七间的三个敞厅，中跨宽度近 12 米。这是佛殿中的巨构，与建于辽开泰九年（1020）的辽宁义县奉国寺大雄宝殿同为国内佛殿中现存的在元代以前建筑中最大的一座。

　　山西大同善化寺三圣殿和山门，在屋顶坡度上近于三分之一举高，角脊

金代壁画《鬼子母变相（赶驴）》，构成一幅优秀的风俗小品。

和檐口曲线的曲率加大，屋角起翘急骤，有明显的出翘，风格偏于轻巧华丽，可以比较明显地看出与辽代建筑风格上的差异，更具有金代建筑上的特点。三圣殿约建于金天会、皇统年间，其明间梁架为"八架椽屋乳栿对大椽用栿三柱"，次间为"八架椽屋五椽栿对三椽栿用三柱"，是辽代盛行的典型的厅堂型构架实例。它结合殿的平面布置巧妙地选用了这两种构架，使明间二内柱色在佛坛后的扇面墙内，次间二柱则位于佛坛两侧不显著的位置，使殿内空间比较宽阔。善化寺山门建于三圣殿同期，梁架近于分心斗底槽，因为彻上明造，无天花板，外露结构构件的缘故，采用装饰性很强的月梁。外檐斗拱为五铺作单抄单昂重拱造，外檐柱头铺作为假昂咀，这可算作斗拱成为装饰的开始。

受宋制影响比较明显的金佛殿建筑，则有山西五台县佛光寺文殊殿和山西朔县崇福寺弥陀殿，这两殿均采用了大内额和减柱法的特殊结构方式。文殊殿建于金天会十五年（1137），木结构属于宋式厅堂构架中"八架椽屋前后乳栿用四柱"的梁架，在柱网排列上，采用前、后内柱列上都只用二柱的形式，并使用粗大内额承托无柱处的梁，同时使用跨距长达 14 米的内额支承屋架，这样大大增加了殿内空间。为加强内额的承载能力，最特殊的做法是在后内额下面加一根由额，在由额上立蜀柱，柱上加绰幕枋支托内额，另在由额两端加斜撑，撑在绰幕枋的两端，使内额上部的荷重直接传至由额的两端。由额、内额、蜀柱、斜撑、绰幕枋组成了一组形似现代平行弦木行架式复合梁，用以承载部分横向屋架。

弥陀殿也是七间八椽，为"八架椽屋，前后乳栿当中四椽栿，"仍采用减少内柱的复合梁承托屋梁，以扩大室内空间。这本是北宋时的地方作法，至金代已成为一种习惯采用的结构手法。这种结构的出现，说明了当时的工匠对构架受力有了比较正确的认识，并开始在大跨度结构上应用。

战乱不断的南宋

《麟台故事》记录北宋藏书制度

南宋绍兴元年（1131），程俱撰成《麟台故事》一书，系统记述了我国北宋时期国家图书馆的历史沿革、职能、藏书、馆职与编校图书活动等实际情况，也反映了著者本人的图书馆学思想体系。

程俱（1078~1144）字致道，浙江衢州开化人，北宋时曾在政府的修史与藏书机构崇文院（1082年改为秘书省）担任《国朝会要》编修检阅官、著作郎等。靖康之役，政府三馆藏书尽为金人掠去。南宋建立后，于绍兴元年（1131），始置秘书省，程俱为秘书少监，创办国家图书馆。受职之始，按求简牍，一无所有。鉴于秘书省乃是国家收藏典籍之府，然昔日三馆旧藏皆已荡然一空。今草创馆阁，量非易事，乃根据自己过去任职时见闻及经验和官府残存档案资料加以整理，写成《麟台故事》一书。

《麟台故事》共有5卷12篇，约5万多字。全书分四个部分。

（一）记录北宋的藏书机构。北宋初，以昭文馆、史馆、集贤院为三馆。三馆皆设在崇文院内。昭文馆执掌经史子集四库图书及修写校雠工作。史馆监修《国史》、日历及掌管图书。集贤院执掌校理缮写图书，提供御用典籍。崇文院包括三馆，又分内院和外院两处。内院在宫城中，外院在宫城左右掖门外近便处。抄写书籍、雕造印版、值宿就餐等都在外院。

（二）记录北宋的的馆职。馆阁的职官谓之馆职。昭文馆——设大学士一人，由宰相充任。有学士，直学士，设判馆事一人，由两省五品以上充任。史馆——设监修国史，由宰相充任，修国史，由翰林学士以上充任，另外还有同修国史、编修、修撰、检讨、判馆事等职官。集贤院——设大学士一人，由宰相充任。学士无定员，由给事中、司谏、诸卿、监以上充任。另外还有直学士、判院事、检讨、校勘、图籍监官等职官。秘书省（元丰五年1082改崇文院为秘书省）——设秘书监一人、秘书少监一人、秘书丞一人、秘书郎

THE CHINESE CIVILIZATION

二人、著作郎二人、著作左郎二人、校书郎四人、正字二人等等。

（三）记录了北宋政府的藏书情况。北宋之初，三馆藏书只有一万二千卷，后来收缴各地图书充实三馆，还广开献书之路，搜补遗阙，到政和四年（1114），三馆所藏图书、古画共三万三千一百四十九册。

（四）记录了北宋编校图书的情况。整体分校勘、修纂和编修国史三个方面。

《麟台故事》虽是追述北宋秘书省的故事，但也反映了作者对国家藏书事业作用的认识。它是我国目前现存最早的图书馆专著。

郑樵会通诸史

南宋绍兴年间，郑樵撰写成纪传体通史——《通志》。

郑樵（1104~1162），字渔仲，兴化军莆田（今属福建）人。徽宗宣和元年（1119）其父亡故后，他隐居山野，四十年如一日，潜心研读史学，并著成继司马迁的《史记》后又一部大型的纪传体通史——《通志》。

《通史》全书共500万字，200卷，其中帝纪十八卷，皇后列传二卷，年谱四卷，略五十一卷，列传一百二十五卷。纵观《通志》全书，郑樵自始至终贯彻一个"会通"的史学思想。在《通志·总序》中，他强调史事、典章制度相依因的联系，这是从空间上贯通历史的联系。另外，他反对班固的断代史，主张修史书还应从时间上揭示古今之变，即从历史进程上"极古今之变"。《通志》这个思想对发扬中国史学的会通之史有理论上的指导价值，影响了后世的修史方法。

《通志》全书的精华在于《二十略》，这里的略相当于司马迁《史记》中的"书"或班固《汉书》中的"志"。《二十略》共有51卷，约占全书的四分之一。若对《二十略》从其条目和内容方面与前世的史书进行比较分析，基本上可将《二十略》分为三大组成部分。第一部分是条目和内容都和前史相同，如礼、职官、选举、刑法和食货等五略，基本上都来源于杜佑的《通典》。第二部分是条目同于前史，但内容上有所改进，如天文、地理、乐、艺文、灾祥等六略，特别是在《艺文略》中，郑樵将历史文献按三个等级进行分类。首先将历史文献分为经类、礼类、乐类、小学类、史类等类，又在类下区分

040

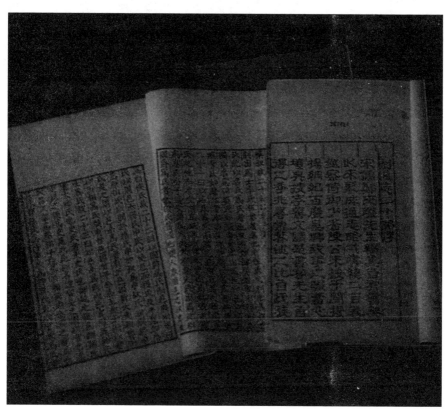

郑樵《通志》

子类，如在史类下又区别出正史、杂史、编年史等子类，再在子类下依据不同标准分成更细的子类，形成一套完整的三级分类体系。第三部分是不论条目还是内容，均与前史有所不同，包括民族、六书、七音、都邑、谥、校雠、图谱、金石、昆虫草木等九略，都从不同程度上对前史的内容有所扩展和补充，特别是在自然史方面，这主要是因为郑樵认为史家应重视实际，多学习自然史方面的知识，并反过来核实史书的记载。《二十略》的成就，除将史学的研究范围从典章制度的分析扩展到对于社会、文化及自然史方面外，作者还宣扬其无神论思想。他批判董仲舒的阴阳五行之学，斥之为"妖学"。他还强调修史的真实反映性，把任意歪曲历史事实的修史主张斥为"妄学"，反映出他的求实精神。

郑樵的《通志》的成就，使得后人将他与司马迁并称为两宋史学上的"双子星座"。

宋建立总制司

宋绍兴五年（1135）闰二月，参知政事孟庾提领措置财用，经朝廷允许，设总制司，征收经总制钱以供军需。后又奏请令各州县再增收头子钱，共20余项名称合称为总制钱，另外立帐收管，供朝廷调用。总制司初设立的时候权力非常大，三月份的时候，高宗还专门下令，主管总制司的官员享受与宰相一样的待遇。

经制钱最早征于北宋宣和四年（1121），是经制江淮荆浙福建七路诸司财计（简称经制使）陈选所创，故得名。总制钱与经制钱都是南宋时期的苛捐杂税，合称"经总制钱"。其中一部分属增税，另一部分则属于移用某些财政专款改充经总制"窠名"。两者的征收都先由各州县办理，每季度起再发赴行在（临安府），成为南宋财政上的重要收入。但是宋吏们经常在经总制钱的征收上巧立名目、横征暴敛，使民间百姓深受其害。

张浚抚师淮上

　　宋绍兴五年（1135）二月，宋高宗乘船自平江府（今江苏苏州）回到临安（今浙江杭州），不久即任命尚书右仆射、同中书门下平章事赵鼎为左仆射、知枢密院事，负责政事及官员的人事安排；任命知枢密院事张浚为右仆射，并同中书门下平章事兼知枢密院事，都督全国各路军马，负责边疆的军事防卫工作。当时赵鼎在朝内励精图治，管理着国家行政事务；张浚则在外面督促各路大军平叛乱军、抗击金兵，并视师淮上，挫败伪齐南侵。二位宰相相得益彰，竭力辅佐高宗。后来，在对付伪齐南侵战略上，二人意见相左，高宗倾向张浚，于是赵鼎罢相，张浚总领内外大政。高宗则事无巨细，必向张浚讨教，甚至往往命张浚草拟各种发往前线诸将的诏书。张浚上奏高宗，认为东南的形势，以建康（今江苏南京）最为重要，实为中兴宋室的根本所在，高宗若居住在此地，则北望中原，一天也不会贪享安逸；若偏居于临安城内则容易滋生安逸的情绪，对外亦不能够号召遥远的边疆、维系中原百姓之心。于是张浚请求高宗移驾建康。绍兴六年六月张浚不顾盛夏酷暑，亲自渡江抚师淮上诸军。在巡视过程中，张浚告诫各位将帅们首先要把自己的防务整顿好，然后再乘机攻击来犯的金兵。同时命令淮西宣抚使刘光世从当涂进驻庐州（今安徽合肥北部），与韩世忠、张俊形成三足鼎立之势；接又派遣杨沂中进驻泗州（今安徽泗县东南）。经过一番有效的整顿，人心感悦，军声大振。高宗闻讯，特派内侍到淮上抚问张浚。正是由于张浚的战略正确，金军多次南

战乱不断的南宋

宋代壁画《华色比丘尾品（刑场）》，反映了宋代刑场的实况。

侵均被宋守军击退。

刘豫南侵

　　绍兴六年（1136）九月，刘豫闻知张浚到江淮视察军务，认为南宋将要采取军事行动，便向金请求救兵。然而金熙宗对伪齐刘豫之言不予理睬，不加援助，仅派金兀术率军驻黎阳（今河南浚县）观望。于是刘豫只好率乡兵三十万，号称七十万，分三路南侵。刘豫的侄子刘猊率东路军由紫荆山，出涡口（今安徽怀远东北）犯定远县；其子刘麟率中路军由寿春（今安徽寿县）进犯合肥；孔彦舟则率西路军在谷口渡系桥渡淮，围攻光州（今河南临潢），直趋蕲春、黄冈。这时，宋高宗已经到达平江府（今江苏苏州），得知消息后便不愿意再向建康进发。赵鼎、折彦质乘机提出"皇帝回銮，诸将守江"的对策，并命岳飞由鄂州移驻江州。刘光世借口他的部队和长江上下游的声势不能相接，遂放弃庐州，把前沿部队撤到大平州（今安徽当涂）驻扎。张浚视察归来后，极力反对这种做法，认为淮南丢失，江南则不能保。宋高宗于是采纳了张浚的建议，立即派人督促刘光世大军复还庐州，迎击伪齐军。同年十月初，宋军和刘麟军队相遇，经过整日的鏖战，齐军败退。此后数日，刘猊大军又被宋军杨沂中所部大败于藕塘（今安徽定远东南）。孔彦舟围攻光州半月而未下，于是引兵向六安行进，得知东路和中路齐军都败退后，也率队北归。由此，伪齐三路南侵遂告失败。

THE CHINESE CIVILIZATION

战乱不断的南宋

南宋建都临安

宋绍兴八年（1138）二月，宋正式以临安府为都城，仍称行在。

建炎元年（1127）五月，宋高宗赵构在南京应天府（今河南商丘）即位之后，为避金兵进攻，以巡幸为名，先后流亡至扬州、杭州、建康府（今江苏南京）等地，均称为"行在所"。张浚任宰相时，曾主张定都建康，以图恢复中原。张浚罢相后，高宗准备从建康撤还临安（今浙江杭州）。绍兴八年二月，高宗以吕颐浩为江东安抚置大使兼行宫留守，自己则从建康出发，途经镇江、常州、无锡等地，最后至临安府，并正式以临安府为都城，但仍称为"行在"，以示不忘旧都东京开封。

临安府地处"苏湖熟、天下足"的太湖平原地区，且交通便利，极为富庶。南宋朝廷因袭五代时吴越的旧城规模，加以扩建、筑外城、营造宫内（大内宫城），皆金钉朱户、画栋雕梁、覆以铜瓦、镂镂龙凤飞骧之状，极尽雕琢之饰。其宫殿之建筑，经高宗、孝宗两代兴建，堪与北宋东京皇宫相媲美。在南宋偏安的150多年间，临安城市商业、手工业空前繁盛。沿北起斜桥，南至凤山门的南北御街两侧店铺林立，酒楼茶馆、勾栏瓦舍相互交错，昼夜不虚；四百多个行会散布全城，海舶珍异之物全都在此集市买卖，这一切都融造出临安府独具特色的城市风格。

永嘉学派讲事功

　　宋代，在理学占据思想界统治地位的时候，有两个不以"理"为宇宙最早原则而以事功之学为主要特征的学派兴起，这就是以陈亮为代表的永康学派和以叶适为代表的永嘉学派。永康学派独树一帜、了无师承，而永嘉学派则有其学统，有自己的发展过程，而且在思想理论方面较永康学派更为深刻。

　　永嘉学派由南宋绍兴年间薛季宣建立，陈傅良继续发展，叶适总其大成。他们在历史和学术研究中，开启和发展了对理学的批评。叶适更是坚持以事功和义理相统一，使永嘉学派的理论具有鲜明的特点，既批评朱学，又批评陆学，和永康学派在政治观点和学术主张上相互辅助。

　　叶适，字正则，人称水心先生，永嘉（今浙江温州）人，青少年时代深受当地著名学者陈傅良和薛季宣的影响。上京做官时是坚定的主战派，失利后罢官返乡，专心进行学术研究。在他的政治生涯中积累了丰富的实事实功的经验，回乡后，通过为自己早年辑录的经史百家条目《习学记言》作序目50卷，紧密结合社会现实，总结事功经验，从理论上、学术源流上进行学术思想史批评，建成永嘉学派的完整思想体系，使永嘉学派成为当时与朱学（理学）、陆学（心学）鼎足而三的独立学派，可见他在中国学术思想史上的地位。

　　叶适继承永嘉学派的思想传统，与理学派、心学派相对立，形成"物之所在，道则在焉"的唯物主义自然观。他认为宇宙是由物构成的，"物"与"道"的关系上，"道"出于"物"，最后还要归之于"物"，研究"道"这个规律，不能离开具体的事物。他提出"一而不同"的命题，"一"是指事物的统一性、普遍性；"不同"是指事物的多样性、个别性；"一"存在于"不同"之中，从"不同"事物的研究中可以抽象出"一"，所以必须研究事物的个体，才

战乱不断的南宋

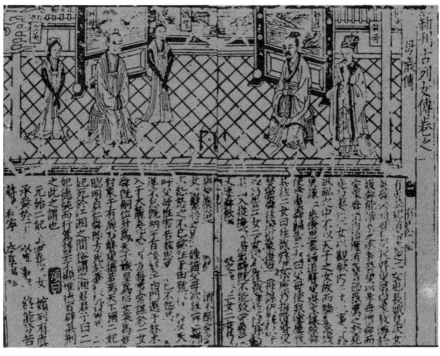

宋《列女传》书影

能认识内在普遍原则。叶适对于被正统理学神秘化的"极"也作了唯物主义的解释,他把"极"说成是天下随皆有、协调和顺的一种表现,它本身不是物质,而是从物中抽象出来的。叶适还认识到物质的运动和发展间的对立统一关系,他认识,自然界中四季和万物的生成发展是阴阳二气的运动结果,并没有造物主的主宰作用。

叶适以事功阐发义理,将事功与义理统一。他认为,如果没有功利,道义也就落空,因此凡事要"务实而不务虚",提倡实事实功。针对南宋形势,他主张抗战、改革,并从政治、经济、军事、法制、兵制等方面提出了系统的改革主张。他的事功学说为明代实学的兴起提供了思想资料。

在认识论方面,叶适认为认识事物的立足点是对事物的充分考察,批评了从主观到客观的认识错误。

他强调只有通过目见耳闻得到直接认识后再通过"心"的思考,才能得到正确认识。叶适还对学术史提出了诸多质疑,他反对佛、老理论,也反对理学、心学"宗旨秘义"的思想观点,并且对所谓"道统"论进行了否定批评,虽然他还不能完全摆脱道统思想,但他的批评精神仍有着十分明显的积极作用。

叶适在学术研究中以自己丰富的社会经验为基础,一反世人笃信的先儒思想,提出了自己事功之学,具有浓厚的唯物主义色彩,给宋代思想界注入了新鲜活力,为明代思想发展奠定了坚实的基础。

陈与义推崇杜诗

1138 年,陈与义去世。

陈与义(1090~1138),字去非,号简斋,洛阳(今属河南)人,是南北宋之交的杰出诗人。

北宋徽宗时,他曾任太学博士、秘书省著作郎等职。金人入汴,北宋王朝覆亡,陈与义避乱南奔,辗转跋涉于今豫、鄂、湘、桂、粤等地,后抵临安(今浙江杭州),任吏部侍郎,累官至参知政事。

陈与义的诗歌创作以南渡为界,分为前后两个时期。他在创作前期十分

战乱不断的南宋

推崇黄庭坚和陈师道，并与他们一样尊杜学杜，故一般认为他是江西诗派的后期代表作家，并将他列为江西诗派"三宗"之一。但实际上他的创作风格有别于黄庭坚及陈师道。黄、陈学杜，偏重于形式技巧，但仍忽略了杜诗声调音节是唐诗中最弘亮而又沉着的这一点。

陈与义的前期作品在艺术上则既学习了黄、陈炼字炼句、追求新奇的功夫，又吸取了杜诗声调响亮、语言明净的特点；既重锤炼又重意境，擅白描，少用典，与江西诗派的晦涩、生硬迥然有别。如写春光是"红绿扶春上远林"；写秋雨有别出心裁的"一凉恩到骨"；以"墙头语鹊衣犹湿，楼外残雷气未平"写新晴，清新明快，流畅自然。但在内容上多表现个人生活情趣，对社会现实较冷漠，这又接近江西诗派的共同倾向。

靖康之难发生后，国破家亡，陈与义在颠沛流离之中体验了乱离艰苦的生活，比较广泛地接触了社会现实，对杜诗中安史之乱的描写和忧国忧民的情怀才有了深切的感受，激发起爱国之情。由此，他进入了一个新的创作阶段。他在逃难途中写下的第一首诗《发商水道中》表明了他后期诗歌的基调——"草草檀公策，茫茫杜老诗"；在《避虏入南山》中，他深深感慨："但恨平生意，轻了少陵诗"。

《伤春》讽刺了奸臣昏君的投降逃跑政策——"庙堂无策可平戎，坐使甘泉照夕烽。初怪上都闻战马，岂知穷海看飞龙！"同时表明了自己对国事的耿耿之心——"孤臣霜发三千丈，每岁烟花一万重。"

经历了兵荒马乱之后，陈与义的诗开始有了一种沉郁慷慨的风格，从思想内容到句法声调都追步杜诗，既有反映史实之章，又有伤时抚事之作。《登岳阳楼》之一、《次韵尹潜感怀》、《感事》、《牡丹》等都是这时期的佳作。

虽然陈与义的爱国诗篇不多，思想感情也不及杜诗深刻、诚挚，艺术表现亦有一定距离，但他能结合个人遭遇抒写家国之痛，题材广泛，突破了江西诗派的束缚，因而成为宋代学习杜甫最有成就的诗人之一。

刘锜大败金兵于顺昌

　　宋绍兴十年（1140）五月，完颜宗弼（兀术）等毁和约南下，率主力十余万进攻宋国东京。南宋河南、陕西各地守臣多半是议和之前的大齐旧官，所以闻知金军进犯，纷纷献城投降。

　　宋廷委派的新任东京留守刘锜率八字军2万，原打算北上驻守东京开封，当行军到顺昌府（今安徽阜阳）时，听到金军已攻陷开封，并正向顺昌逼近

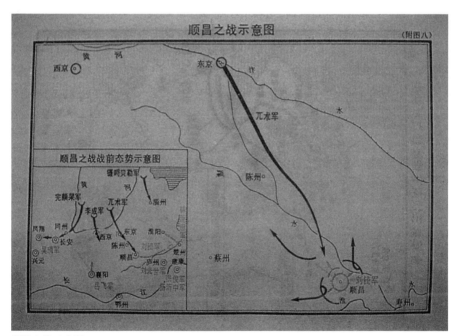

顺昌之战示意图

的消息,于是在顺昌知府陈规的支持下决定坚守顺昌城,阻止金军南下。这时,金军前锋军韩常和翟将先到顺昌城外,刘锜乘其立足未稳,出兵夜袭,击败金军先锋,首战告捷。三日后,金国的龙虎大王和三路都统完颜褒、突合速等又率军从陈州前来围攻顺昌府,共三万兵马之多。宋军在刘锜的指挥下凭城坚守,以劲弓强弩击退了金军,战斗打得非常激烈。紧接着,乘雷雨之夜,刘锜派步兵偷袭金军营寨,又一次击败金兵。到同年六月,宗弼亲率金军十余万抵达顺昌,准备向城东、西两门发起猛攻,并令四千重甲精骑兵往来为援军。于是完颜宗弼大军再一次把顺昌城团团围住,战势非常危急。当时刘锜所部不满二万,而可以出战杀敌者不过五千人左右,但是宋军将士同仇敌忾,士气高昂,纷纷要求出击与金军决一死战。

刘锜审时度势,抓住金军不惯酷暑的弱点,以逸待劳,集中力量,选择重点突击金军。于是待午后天气炎热、金军人困马乏之际,以精兵五千人潜出南门,攻击金军侧翼,金军大乱。同时又以竹筒掷豆计破金军精锐,金军损伤无数。金军抵抗不住,被迫败退,顺昌围解。

此次战役,刘锜以少胜多,大败金军,金军由是转入防御。

高宗下诏岳飞被迫班师

宋绍兴十年(1140)六月,岳飞派遣部将王贵、牛皋、杨再兴、李宝等分途经略西京(今河南洛阳)诸郡,又遣梁兴渡河联合忠义社进取河东、北诸州县,而且派兵东援刘琦,西援郭浩,岳飞自己率部直至中原。

不久,李宝、牛皋陆续在京西一带击败金兵。闰六月,岳飞部将张宪、傅选与金将韩常激战于颖昌府(今河南许昌),大败金兵,并收复颖昌。

绍兴十年顺昌之战后,金军退守河南。岳飞挥师北进,并连克颖昌府、淮宁府(今河南淮阳)、郑州、西京河南府(今河南洛阳东)等地,进逼开封。七月,宗弼见岳家军兵力分散,又探知岳飞只有少量军队驻扎在郾城(今属河南),于是率领龙虎大王、盖天大王和韩常等军共一万五千人直趋郾城。两军交战之际,岳飞令其子岳云率轻骑攻入敌阵,往来冲杀。金军出动重甲骑兵"铁浮图"作正面进攻,另以骑兵为左右翼,号称"拐子马",

配合作战。

岳飞吸取了顺昌之战的经验，派背嵬亲军和游奕军马迎战，并派步兵持麻扎刀、大斧等，上砍敌兵，下砍马足，杀伤了大量金兵，使其重骑兵无法发挥所长。岳家军中的勇将杨再兴单骑突进敌阵，打算活捉宗弼，杀金兵数百人。双方从下午激战到天黑，金军大败。

不久，金兵再犯郾城，岳飞在城北五里店再次击败金兵，杀死金将阿李朵孛堇。是役，宋军以少胜多，给金军以沉痛打击。郾城之战后，宗弼集兵十二万驻屯于临颍（今属河南）。杨再兴率三百骑兵出外巡逻，在小商桥与金兵遭遇，杀死金兵二千多人以及一百多名将领，宋军也全部壮烈殉国。张宪率岳家军再战，逐金兵出临颍县界。同日，岳家军又大破进犯颍昌的金军主力。

正当宋军北上节节胜利之际，秦桧却想乘此良机和金议和，于是授意张俊、王德等从宿、亳地区班师南归庐州，同时高宗下诏岳飞措置班师。

这时岳家军已处于孤军深入无援的境地，如果不奉诏班师，不但有违抗朝廷君命之罪，而且有陷入金军重围的危险。在这危急关头，岳飞经过慎重考虑，终于最后决定忍痛班师回朝。他悲愤填膺，对部下哀叹道："十年之功，废于一旦！"京西的百姓们闻讯后，挽住宋军的战马，哭着请他们留下来继续抗金。岳飞只好对百姓们出示班师诏书，军民痛哭失声，最后岳飞决定再停留五天，掩护百姓们迁移襄汉。岳家军撤回鄂州之后，河南州郡马上又重陷金军之手。

宋军收复中原的良机，就这样被宋高宗和秦桧葬送掉了。

THE CHINESE CIVILIZATION

南宋官窑与五大名窑齐名

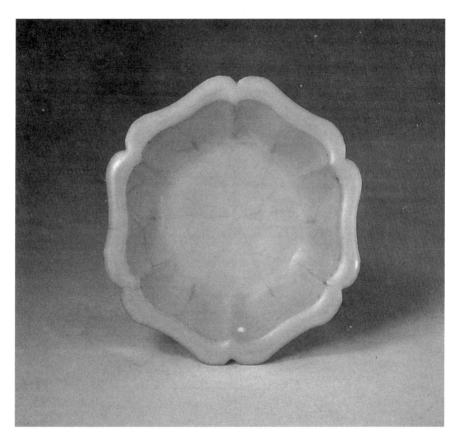

官窑葵瓣盘

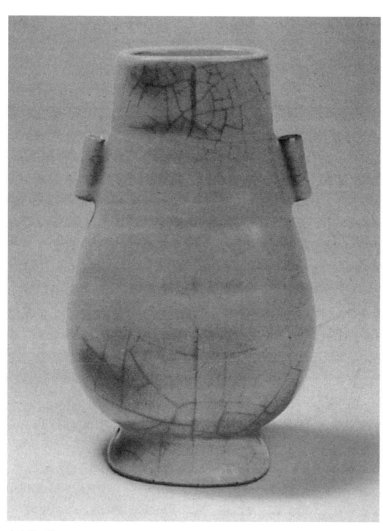

官窑贯耳瓶

浙江龙泉窑窑床

南宋官窑窑址在今杭州一带。据文献记载，宋窑南迁后，在首都临安（今杭州），先后设立了两个官窑，一是修内司窑，二是郊坛下窑。修内司窑与北宋汴京官窑、汝窑相似，都是紫口铁足，都有蟹爪纹开片。此窑地迄今尚未得到证实。郊坛下窑窑址在杭州乌龟山发现，出土瓷片胎质黑灰，胎薄釉厚，乳浊如玉，釉色有粉青、炒米黄等多种，造型多仿古。

南宋官窑传世器物以盘、碗、洗等圆器较多，器身有葵瓣、莲瓣诸式，造型精细规整，碗足多露胎，盘、洗则多为满釉支烧，器底有支钉痕，痕底比汝窑大，呈黑灰色。琢器也传世不少，多模仿古青铜器物式样烧铜，瓶有觯式、投壶式、贯耳式、扁壶贯耳式、扁腹贯耳式，每式均有大小，以小件者较多。洗以圆型者为多，有方形者，四角有垂云足；圆洗传世不少，均为线式，口微外敞，器身接近垂直，底有两种形式：一为平底满釉支烧，底有六或七个支烧痕，此种烧法与传世宋汝窑相似；二为线圈足，足微高出器底，圈足较宽，微微凸出器底，足均露胎，呈黑灰或黑紫色。

官窑纹片有大小，纹片大者纹路稀疏，纹片小者纹路细密，纹片均呈金黄色，文献称为鳝血色。官窑釉色明代文献说以"粉青、月白为上，油灰乃色之下也"，事实上官窑釉色用粉青、月白及油灰三种是不能概括的。官窑釉质呈晶莹润泽特征，文献形容为"如堆脂"，包含有滋润凝重的含义。传世官窑釉好者多藏故宫博物院，以双耳大瓶、圆洗等最富代表性。

南宋官窑存世时间不长，而且官窑之间前后依存性较明显，南宋官窑（修内司窑、郊坛下窑）都模仿北宋官窑（汴京官窑、汝窑），注重器形釉色，不重纹饰，素面无纹，线青色中没有明显的开片面，器形端庄大方，富于贵族气派。

057

覆烧、火照工艺发明

中国瓷器发展到了宋代，不管在艺术外观还是瓷质上都产生了很大的飞跃，这自然得力于制瓷技术的进步。其中装烧工艺方面"覆烧"法和"火照"术的发明，对提高瓷器产量和降低烧制成本以及保证尽可能高的成品率都起到了重要作用。

所谓覆烧，就是将盘、碗、碟类器皿反扣过来烧制，包括使用一种垫圈式组合匣钵来代替单位匣钵。这种方法的优点就在于最大限度地利用窑位空间。同一窑炉，使用同样的燃料，由于窑具的改进，产量可增加四至五倍，既节省了燃料，又可防止器具变形。不足之处是：器皿的口沿都存有无釉的芒口。为此，人们又发明了口沿部包镶金、铜的工艺来予以弥补。由于这种方法降低了成本，大幅度提高了产量，因而很快在南北瓷窑中都得到了推广运用。

"火照"是窑工们用来观察、判断窑内火候的一种坯件。它多呈三角形，上端有一圆孔（▽）。这种坯件一般用碗坯改制，半截上釉；下部尖状处插入放满沙粒的一个匣钵中，此匣钵放于炉前的观火孔内。如果要了解窑内火候，就用钩子伸入观火孔内，将火照从匣钵中钩出。一般来说，烧制一窑瓷器往往要检查火候数次。发明火照后，人们每验一次火候只须钩出一个火照，根据火照显示的情况来把握窑内温度。这种设立固定参照物的方法，既使检验手续变得简便易行，又使人们能较准确地掌握窑温，从而大大提高了成品率。

南宋突火枪开始使用

南宋时，火药性能提高，火药兵器在兵器中的比重显著增大，火药武器的制作也日趋精良。这时，战场上开始出现类似近代枪炮的火药兵器，突火枪是其中具有代表性的一种。

1132 年，陈规镇守德安时，制成了能喷射火焰的长筒形火枪，用以焚毁敌人的大型攻城器；1232 年，金军在作战中使用了飞火枪，它其实是用 16 层纸卷成约 2 尺长的筒，内装火药、铁渣、磁末等物，再绑在长矛前端，临阵先点燃烧杀敌人，喷完火后再用矛格斗。1259 年发明的突火枪在此思路上进一步发展，它用良竹为筒，能发射出"子窠"，即弹丸，这种弹丸已具备后世子弹的雏形，发射时声响如炮，远近皆闻。

突火枪的出现，意味着火药兵器，已从过去只能喷火焰烧灼敌人的管形喷火器，发展到能发射弹丸杀伤敌人的管形射击火器，不能不说是世界武器制造史上的划时代进步。

尽管当时的突火枪还未使用金属发射管，但其发射原理却是后世步枪、火炮的理论先导。

宋屯驻军兴起

南宋初期，宋军经历了由大部溃散到重新组编的过程。其兵役制仍以募兵制为主，北宋时的各种军队名称仍然存在。但是，屯驻大军取代了禁兵在北宋时国家正规军的地位，兴盛起来。

屯驻大军取代禁军成为国家正规军，经历了一个发展过程：南宋初设御营军，已经部分取代了禁兵；御营军后来改名为神武诸军，是川陕以外东南地区的正规军；绍兴五年（1135），宋廷将神武军番号，统一改名为行营护

战乱不断的南宋

南宋文侍俑

南宋武士俑

THE **CHINESE** CIVILIZATION

战乱不断的南宋

宋代铅铸双马

军，成为比较严格意义上的屯驻大军。绍兴十一年，韩世忠、张俊、岳飞三大将兵权被剥夺，行营护军番号被撤销，改名为御前诸军。从川陕到长江沿岸，先后设立了 10 个都统司，三衙领有 3 支部队，都成为南宋的屯驻大军。

南宋屯驻大军的统兵官是都统制和副都统制。每支屯驻大军一般都分成若干军，军一级统兵官有统制、副统制、统领等。军之下分若干将，将一级的统兵官有正将、副将和准备将等。将之下又分部，部之下分队，设有训练官、部将、队将、捍队、拥队、旗头、教头之类军官和军吏。

宋高宗即位之初，就设御营司，统管御营军。建炎四年（1130），宋廷又取消事实上已无实权的御营司，将御前军、御营军分别改为神武军、神武副军。绍兴元年（1131）之后，南宋在江南的统治渐趋稳定，此时除了吴玠川陕军外，在东南地区的正规军主要有神武诸军、神武诸副军和御前忠统军三类，而吴玠、岳飞、刘光世、韩世忠、张俊成为南宋 5 大帅，统领着 5 支兵力最多的屯驻大军。

绍兴五年，宋廷将神武军番号改为行营护军。韩世忠、岳飞等分别为前、后、左、右、中护军，共领有军约 38 万。绍兴十一年，宋高宗和秦桧推行投降妥协方针，罢韩世忠、岳飞、张俊兵权，将以前 4 支屯驻军收编成 10 支屯驻大军，称为"御前诸军"。后来，各御前诸军的兵力都被压缩削减，唯有三衙的兵力却大大扩充，三衙军有所恢复。

至于南宋御前军等正规军的数量，据《宋史·兵志》记载，到乾道三年（1167）已达到 32.3 万，另加三衙、水军等，总计 40 万余人。可见，南宋屯驻大军的份量之大。

THE **CHINESE** CIVILIZATION

苏州城街巷制兴起

　　苏州城是北宋末和南宋时期的府城，当时称平江城。南宋绍兴（1131~1162）初年，高宗赵构准备把都城从临安（今浙江杭州）迁于此，曾按都城要求进行重建，街巷布局已具雏形。

　　苏州最早为春秋时吴国都城阖闾城，自隋唐以来，一直是江南地区商业、手工业繁荣的重要城市。宋嘉定二年（1209），在郡守李寿朋主持下，把重建后又经近百年发展的苏州城平面图刻在石碑上，即著名的平江府图碑，为我国现存最完整的一幅古代城市图。

　　苏州城有大城和子城，大城周长约35公里，城墙略有屈曲，城市南北较长，东西较窄，城坦内外各有护城河环绕。外城河宽40丈；有城门5座：阊门、盘门、葑门、娄门、齐门，皆有水陆两门，原胥门在南宋时被封闭，改建为姑苏台。子城是城市总体布局的中心，位于城中轴线的东南侧，是平江府衙所在地。平面为南北长的矩形，四周围以城墙，周长约12里，宽6里。内分府院、厅司、兵营、住宅、库房和花园，在子城的中轴南部建四合院式布局的厅堂，三堂中间穿以主廊，平面呈王字形，北部则是住宅和园林，西北角集中了鱼行、荐行、米市和果市等和各种商店、旅舍、茶馆、酒楼，是城市的商业中心。最北部是整齐密集的居住街坊。巷内建宅，巷外街道上为商业街。街道布局纵横平直、整齐。主要街道都作南北向或东西向，以十字或丁字形相交，路面都已铺砖。由于四面环水，当时城中无论生产、生活都离不开四通八达的水网。市民多"以舟代步"，这样就形成了水道和陆路两套相辅相成的交通网络。城内河道总长与道路总长几乎相等，分渠一般取东西方向与河道垂直，均与街道平行，使住宅、商店和作坊都是"前街后河"，交通十分便利。城东北是繁华的商业区，城的南北端是兵营。

　　苏州城市中出现的新的建筑类型就是街巷制。它沿街设店，跨街建坊，一改原来的里坊制，这是城市市容的一个新变化，对元大都城、明清北京城的城市布局产生了重大影响。元大都城的大街相同制就是苏州城的街巷制的继承和发展。

中国新娘开始坐花轿

轿子是从辇、舆等载人工具演变而来的，在五代出现了有顶的轿子。从张择端的《清明上河图》和《宋史·舆服志》中可以知道，当时的轿一般呈正方或长方形，有黄、黑两种颜色，轿顶向上凸出，没横梁支撑，四周围以簟席，左右开窗，前面没有门帘，以两根找长竿扛抬。

宋代时，男家已经开始用花轿来迎接新娘。在此以前使用的迎亲工具是花车。司马光在《书仪·亲迎》中记载说："今妇人幸有毡车可乘，而世俗重担子，轻毡车"。担子也就是轿。可见当时民间迎亲已大部分采用花轿。据《政和五礼新仪》规定，皇帝要皇后入宫，皇后乘后肩舆（原注，"肩舆为担子"）进堂上，再降舆升车。当时亲王家的公主出嫁，要乘坐金铜担子，轿顶用朱红漆的脊梁，用剪棕作盖，再装饰上渗金铜铸云凤花朵，四周垂绣

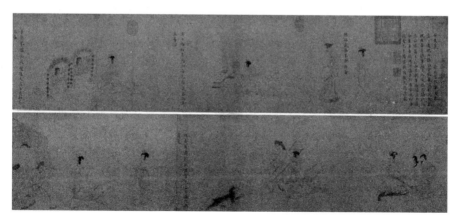

南宋《摹女史箴图》，歌颂女子的传统道德和贞操。

战乱不断的南宋

真用谨花

上花轿是婚礼上最热闹的一个场面

额珠帘、白藤间花。两壁栏槛上雕以金花装的雕木人物、神仙。担子装有两根长竿，竿前后都用绿丝绦金鱼钩子钩定（据《东京梦华录·公主出降》）。士庶之家和贵家女子结婚，也乘坐轿子，只是轿顶上没有铜凤花朵罢了。当时市面上还有店铺专门出租担子。

据吴自牧记载，临安府民间在迎亲的日子，男家算定时辰，预先命"行郎"指挥搬运花瓶、花烛、妆盒、镜台等人，还要雇上妓女乘马，雇请乐官鼓吹，抬着花轿到女家迎接新人。花轿抬到女家之后，女家摆下酒宴款待行郎，发给花红银碟及利市钱，然后乐官奏乐催妆，时辰一到，催促登轿；茶酒司齐念诗词，说着吉利的话，催请新人出阁上轿。新娘是由女家的亲戚抱上轿的。新娘上轿后，抬轿人还不肯起步，仍在那儿念着诗词，索取利市钱和酒，这叫"起担子。"女家发给钱以后，行郎们才抬起轿子齐声奏乐，一直迎到男家的门口。这时候预定的吉时将到了，那些乐官、妓女和茶酒司等还要互相念着吉利的话，在门口索取利市钱物花红等，这叫"拦门"。

宋代以后，新娘乘坐花轿的风气一直沿袭下来。花轿的设备越来越考究，花轿也更加富丽堂皇。

1141~1150A.D.

南宋

战乱不断的南宋

1141A.D.宋绍兴十一年金皇统元年　夏大庆二年　西辽康国八年

四月，宋罢韩世忠、张俊、岳飞兵柄，以为枢密使、副。

七月，万俟卨劾岳飞；八月，罢飞枢密副使，飞部将张宪被诬下狱。宋将吴璘大败金兵于剡家湾，旋受诏班师。

十月，岳飞被诬下狱。

十一月，宋金和议成，以淮为界，岁币银绢各二十五万，宋帝称臣。

十二月，岳飞被害于大理寺狱。

1143A.D.宋绍兴十三年　金皇统三年　夏大庆四年　西辽康国十年

西辽耶律大石死，感天皇后萧氏听政。

1145A.D.宋绍兴十五年　金皇统五年　夏人庆二年　西辽咸清二年

五月，金颁行女真小字。

1147A.D.宋绍兴十七年　金皇统七年　夏人庆四年　西辽咸清四年

三月，金与蒙古议和，蒙古酋长自称祖元皇叔，建元天兴。

孟元老著《东京梦华录》成。

1148A.D.宋绍兴十八年　金皇统八年　夏人庆五年　西辽咸清五年

宋文学家叶梦得死。

金兀术死。

1149A.D.宋绍兴十九年　金皇统九年　金海陵炀王完颜亮天德元年　夏天盛元年　西辽咸清六年

十二月，金平章政事完颜亮杀金熙宗，自立为皇帝，是为海陵炀王。

1150A.D.宋绍兴二十年　金天德二年　夏天盛二年　西辽咸清七年

正月，宋军校施全谋刺秦桧未成，死之。

1142A.D.中世纪法国著名哲学家阿伯拉德卒。

英名史家马姆斯伯利之威廉卒。

1144A.D.英格兰——诺曼第王国分裂。斯提芬仍为英王兼部罗涅（法国极北部）伯爵。哲夫利则为诺曼第公兼安茹、美恩与土朗（或作图朗）等地之伯爵。

1145A.D.

〔意大利〕约在此时热那亚五个重要家族（俱属于维斯康梯氏）成立一龚断利凡特（地中海东岸地区总称）商业之组织。

1150A.D.

约在此时巴黎大学逐渐形成（大学在初期为若干不同之教学集团集合而成，称"综合体"——大学）。

宋大败金于淮西

宋绍兴十一年（1141）正月，完颜宗弼（兀术）乘宋廷准备求和、两淮防御空虚之机，出兵攻占了寿春（今安徽寿县），到二月初，又占领了庐州（今安徽合肥）。宋高宗于是命令淮西宣抚使张俊、杨沂中率兵至淮西，岳飞进军至江州（今江西九江），后来又命韩世忠率部赴援，以期阻遇金兵于淮西一带。

张俊采纳淮西宣抚司都统制王德的主张，令所部自采石（今安徽马鞍山）渡河，于夜间攻克和州。王德又乘胜追击，于含山县东和昭关（今安徽含山西北）分别击败韩常、兀术，并收复含山及昭关。

这时，刘锜又率军从太平（今安徽当涂）过江，与张俊、杨沂中等会师。金军在宋军的攻击下，撤至巢县（今安徽巢湖市）西北柘皋镇，拆毁石梁河桥，将数万骑兵分为左右翼，夹道而阵，企图利用平川旷野的有利地形，发挥骑兵优势，与宋军决战。刘锜、杨沂中及张俊军一部分相继开往柘皋，准备攻击金军。刘锜乘金军轻敌不备，命军士积薪术造桥，渡河向敌军发起猛攻。是役，宋损失将士900人、金人死者愈万，金军全线溃退，宋乘胜收复庐州。

吴璘击败金兵

宋绍兴十一年（1141）、金皇统元年九月，宋将吴璘进兵攻下了为金所侵占的秦州（今甘肃天水），这时候金将胡盏与习不祝正统兵五六万驻防于刘家圈一带。吴璘决定继续进军，于是召集众将商量破敌良策。最后，同意采纳统制官姚仲的意见，登敌栅前的峻岭，迫敌列阵，以轻兵挑战，然后以叠阵破敌。计策已定，吴璘遂率部进驻剡家湾。

当时金将胡盏、习不祝所部据险而固守，前临峻岭，后控腊家城，自认为万无一失。宋军奇兵以叠阵之法在剡家湾与金军发生激战，军士们殊死拚杀，金兵败溃，降万余人，余部退守腊家城。吴璘毫不放松，又麾兵急攻胡盏残部，不久便破城，金军该部遭到彻底的失败。然而宋廷这时却力主与金议和，乃以驿书命令吴璘立即班师还镇。当时，在宋廷官军节节胜利的激励下，陕西、河东义军首领杨政、郭浩等纷纷投奔官军以参加抗金战斗，大家正准备进一步沉痛打击金军，无奈朝廷诏书已至，圣命难违，吴璘只好罢兵，自腊家城率兵返回河池（今陕西凤县东北）驻防。

岳飞被害

在解除三大将的兵权之后，宋高宗赵构、秦桧为了彻底实现控制军队和压制主战派的目的，开始了陷害岳飞、韩世忠等的阴谋活动。宋绍兴十一年（1141）五月，高宗命张俊、岳飞前往楚州（今江苏淮安）"按阅御前军马"，以收拾韩家军，但岳飞挫败了这一阴谋。于是，秦桧等对岳飞更为怨恨。

同年七月十六日，秦桧指使其党羽右谏议大夫万俟卨弹劾岳飞，诬陷其"志满意得，日以颓惰"、散布"山阳（楚州旧名）不可守"、"沮丧士气"，

杭州岳坟，左侧为岳飞之子岳云墓。

杭州岳飞墓墓阙，对面照壁有"精忠报国"四字。

杭州岳王庙

并造谣说淮西之役岳飞抗旨不遵，欲置岳飞于死地。宋高宗对弹劾奏章予以赞同，岳飞被迫提请辞职。八月，高宗下诏免去岳飞枢密副使之职。九月，秦桧与张俊密谋诬陷岳飞，并指使王俊诬告岳飞部将张宪谋反，先将张宪、岳云下大理寺狱。十月，岳飞也被骗入狱。秦桧命御史中丞何铸、大理卿周三思审讯，岳飞裂衣示其背所刺"精忠报国"四字，以明心迹。何铸知道岳飞是冤枉的，向朝廷力辩其无辜。秦桧为达其目的，乃改命万俟卨主审此案。

岳飞见无理可喻，悲愤交加："我现在才明白既落入国贼秦桧之手，从此便不能再为国尽忠了！"他闭上双眼，任凭百般拷问，始终没有屈服，最后只在供状上写下"天日昭昭！天日昭昭！"八个大字。在此期间，许多主持正义的官员们纷纷为岳飞抱屈、鸣冤，但均遭到贬官甚至杀头的对待。

十二月二十九日，高宗和秦桧竟然以"临军征讨稽期"和"指斥乘舆"等莫须有的罪名将岳飞毒死，张宪、岳云亦被斩首。岳飞死时，年仅39岁。岳飞、张宪的家属被分送广南、福建路拘管，岳飞部下于鹏、孙华等也被牵连治罪。

岳飞惨遭杀害之后，天下百姓无不垂泪，甚至三尺孩童都切齿痛恨卖国贼秦桧。孝宗赵眘继位后，立即为岳飞平反昭雪，赐岳飞谥号武穆。到嘉泰四年（1204），宁宗赵扩又追封岳飞为鄂王。

韩世忠、张俊、岳飞被夺兵权

宋绍兴年间，韩世忠统领前护军八万人、张俊统领中护军八万人和岳飞统领后护军十万人，分驻淮东、淮西和京西地区抗金前线，打击并箝制着南下金军，维护着南宋半壁江山的统治，并逐渐成为南宋军队三大主力。

宋廷一向担心将帅权重会威胁自身的统治，宋金淮西之战后，双方和议已接近成熟，宋高宗、秦桧等为扫清和议障碍，决定削夺大将兵权。绍兴十一年（1141）四月，以赏柘皋大捷为名义，召韩世忠、张俊、岳飞三大将在临安面圣。不久，宣布韩世忠、张俊改任枢密使，岳飞改任枢密副使。紧接着，撤消淮东、淮西、京湖等三个宣抚司，同时取消前护军、中护军、后护军番号；三宣抚司统制官以下都冠以"御前"两字，直接听候三省、枢密院取皇旨调发，这就从根本上切断了三大将与原部属将士的联系。此外，宋廷还提高了各军总领们的职权，使之预闻军政，实际上起着监军的作用。

结果，三大将明知阴谋，却全都俯首听命，各自交出手中兵权，莅临新职。这样，在没有引发任何事端的情况下，宋高宗赵构在宰相秦桧的帮助下，使用明升暗降的手法，顺利地解除了韩世忠、张俊、岳飞等三宣抚使的统兵权。

宋金绍兴议和成

宋金淮西之役后，完颜宗弼（兀术）渐生和意。与此同时，宋高宗赵构和秦桧亦加紧对金乞和。绍兴十一年（1141）、金皇统元年十月，宋廷派魏良臣为禀议使赴金议和。同年十一月，金廷以萧毅、邢具瞻为审议使，随魏良臣入宋。此时，宋金双方原则上达成了协议，其和约的主要内容为：①宋向金称臣，"世世子孙，谨守臣节"，金册封宋康王赵构为皇帝；②划定疆界，东以淮河中流为界，西以大散关（今陕西宝鸡西南）为界，以南属宋，以北属金。宋割让唐（今河南唐河）、邓（今河南邓县）二州及商（今陕西商县）、秦（今甘肃天水）二州之大半予金；③宋每年向金贡银二十五万两、绢二十五万匹，自绍兴十二年开始，每年春季搬运至泗州（今江苏盱眙北）交纳；④金归还宋徽宗棺木与高宗生母韦氏。

次年二月，宋派使节进誓表于金，表示要世代向金称臣，和约正式生效。三月，金遣左宣徽使至宋，对宋高宗行册封礼，国界亦于是年划定。但是金继续扣押钦宗赵桓为人质，以作为向宋进行政治讹诈的资本。

"绍兴和议"因最后完成于绍兴十二年（1142年，壬戌年），故又称为"壬戌之盟"。通过这次和议，金人得到了从战场上得不到的大片土地和金帛，宋金之前确定了政治上的不平等关系；结束了长达十多年的战争，形成了南北长期对峙的局面。

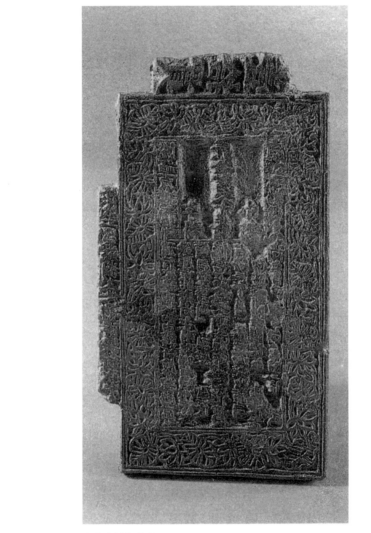

金代交钞铜钞版

宋金置榷场贸易

　　宋金和议之后，开始在边境地区陆续设立许多榷场，以管理商业往来事宜。绍兴十二年（1142）五月，宋军器监主簿沈该知盱眙军，措置榷场之法，以控制双边贸易。其法规定，小商人十人结保，每次携一半货物到对方榷场交易；大商人悉拘之，以待对方商贾前来，交易双方须由官牙人从中斡旋，不得直接接触。榷场领辖于所在地区的监司及州军长吏，又另设专门官员，稽查货物、征收商税。后来，宋又相继在光州（今河南潢川）、枣阳等地设置榷场，并都以盱眙榷场为标准；而金朝亦先后在蔡州（今河南汝南）、泗州（今江苏境内）、唐州（今河南唐县）等各地设置榷场。通过榷场贸易，南宋向金输出的主要是农产品及手工业制品，如粮食、茶叶、布帛、瓷器、漆器以及海外香药之类；金输往宋的大宗商品则有牲畜、皮货、药材、珠玉等。但双方交易的商品种类也有严格规定，如北方的战马，南方的钢铁、硫磺之类军用物资一般都严禁出境。

　　官办的榷场交易受到双方的战争影响，多数时罢时复，只有宋盱眙和金泗州两地的榷场经常开放。因此，在榷场贸易的同时，民间走私贸易仍很盛行。

　　在广泛地发展国内商贸活动的同时，金统治在边境实行开放的贸易政策，与周边民族，各地区和中原开展贸易，建立榷场开展商业活动。在金代开国之初已与宋实行榷场交易，后又在濠州、泗州、楚州、庐州、寿春州设置榷场，方便贸易往来。金宋榷场贸易额极大，所收税息是国家重要的一项财政收入。

　　除与宋互设榷场以外，还与当时的西夏在兰州、保州设置榷场，同高丽也有榷场商贸活动。在设置榷场与国内外各民族进行广泛的商贸活动时，逐渐形成了榷场管理的一系列制度，它有效地防制了商人偷税、漏税行为，对商人行贿官场，禁令甚严，还设置了严密的关卡，以防止走私行为。榷场及有关管理体系的形成，是国家以强有力手段操纵和管理商贸活动的一种实践和尝试。

金朝繁荣的商贸活动建立在女真人重商业、务实行的价值观念，与中原民族抑商思想不同，他们没有鄙视商人的思想，对财富和金钱有强烈的占有欲，因而商人范围十分广泛，包括皇帝之子、宰相、官僚、地主、猛安谋克人和世袭权贵，下至农民和手工业者，大商人阶层出现并开始与国家政权相结合，这一切无不表明金朝商业繁荣的特色。

善化寺大殿建成

山西大同善化寺，始建于唐开元年间，名开元寺，五代时改名大普恩寺，辽、金之际多次修建，是一座继承唐代风格又表现辽式特点的佛殿建筑。

善化寺大殿建在矩形砖砌高台上，面阔七间，长约40米，进深五间（十椽），宽约25米，正面明间和左右稍间各开一门，其余用厚墙封闭，上覆单檐庑殿顶。台基前有宽五间的月台，殿的木构架和辽开秦九年（1020）建造的义县奉国寺大殿属同一类型，用近似厅堂结构形式的"十架椽，屋前四椽栿后乳栿用四柱"的作法，又在檐柱与内移金柱上用阑额、普柏枋、扶壁拱、柱头枋组成内外两圈矩形框架，近似于殿堂的槽，因此它是兼于厅堂与殿堂形式的木结构，明间补间铺作有两道60°斜出的华拱，都是辽代的特殊作法。

采用这种架构，使殿内形成前后两跨各深二间，宽五间的两个敞厅和从左、右、后三面围绕着深一间的回廊，前跨敞厅较矮，供礼佛用。后一跨较高，内砌五间通长的矩形佛坛，坛上并列五尊坐佛，并在明间主佛上部装斗八藻井，以突出主佛的崇高地位。两尽间沿山墙彻凹字形台座，上立护法倚天24身。大殿结构的造型和所形成的殿内空间同佛像布置及宗教活动方式密切结合，体现了辽朝佛殿建筑的重要特点。

善化寺大殿是现存中国古代木构建筑的精华，其结构的巧妙，空间利用的紧凑适宜，对佛殿宗教性特点的突出，在当时都是较为先进的。

宋开凿转轮经藏窟

　　绍兴十二年（1142），南宋在大足佛山湾开始开凿转轮经藏窟，历经四年艰苦施工后才告竣工。该窟高4米，宽4.7米，深7米。窟中正壁主像释迦牟尼佛庄严肃穆，左、右胁侍为迦叶、阿难二弟子，旁立净瓶观音、莲花观音二菩萨。窟的左壁自内而外分别是文殊菩萨、宝印菩萨、白衣观音画像，右壁自内而外则分别为普贤菩萨、日月菩萨、数珠菩萨画像。

　　窟中央雕造通连窟顶的转轮经藏，柱座为蟠龙缠绕的须弥座，座上莲花露盘上刻有四十余个形态生动的嬉戏儿童，露盘上有八龙立柱，神态各异，

大足宝顶山圆觉洞全景，全洞似一座富丽堂皇的宫殿。

河北正定隆兴寺转轮藏阁，内有直径 7 公尺的八角形转轮做藏经之用。

非常逼真。窟外的两侧还刻有四大金刚力士，表情森严肃然，身材孔武有力。全窟构图对称，井然有序，建筑精美宏大，雕造精湛，装饰富丽，为我国当时重要的佛学藏经之地。

宋脉学发展

切脉是中医传统的诊断方法。自西晋著名医学家王叔和撰《脉经》之后，脉诊就有了一定的依据和定型的诊察方法。唐宋脉学在前人的基础上又有较大的发展。

南宋医学家崔嘉彦在继承《脉经》、《脉诀》（五代高阳生著）脉学成就的基础上，结合自己的实践经验于淳熙十六年（1189）年撰成《崔氏脉诀》一书。书中指出"平人无脉，移于外络"，这是对桡动脉异常走行的较早记载。全书共论述脉象 27 种，以浮、沉、迟、数 4 脉为纲，将其他诸脉隶属其下，这就给人以更加简单明了的感觉。

《脉经》把人的脉象分为 24 种，尽管《脉经》作了确切的描述，但由于种类多，临床很难适当把握，正确辨认，连王叔和本人也曾感叹："在心易了，指下难明。"因此，人们就想法用更加直观的图形形式表现脉象变化。

南宋著名医家施发在淳祐元年（1241）年撰写《察病指南》3 卷，绘制了浮、沉、迟、数、虚、实、长、短、滑、涩、弦、紧、洪、微、缓、濡、弱、伏、牢、大、促、结、代、动、芤、细等 26 种常见脉象以及弹石、解索、雀啄、屋漏、虾游、鱼翔、釜沸等 7 种怪脉的图形。施发用圆圈表示脉管的横断面，在圆圈内绘以各种图形表示各种脉象的性质或形态。施发所绘 33 种脉象图，是现存最早的脉象图，虽然比较粗糙，但对于后人理解和鉴别各种脉象确有重要的参考价值。

吕本中作《江西诗社宗派图》

1145年，南宋诗人吕本中去世。

吕本中（1084~1145），字居仁，号紫微，寿州（今安徽寿县）人。绍兴六年（1136）特赐进士出身，提拔为起居舍人。绍兴八年改任中书舍人兼权直学士院。他赞成恢复事业，主张政治清明。因得罪了秦桧而被免职。

吕本中是一个正直的诗人，也是著名道学家。晚年深居讲学，被称为"东莱先生"。其诗属江西诗派，他推崇杜甫、黄庭坚，论诗重"活法"。其后期诗歌的成就较高，且具有较强的现实性，广泛地反映了"靖康之难"前后的社会面貌，如《丁未二上旬四首》、《兵乱后杂诗》等。

吕本中曾作《江西诗社宗派图》。这份"宗派图"尊黄庭坚为诗派之祖，下列陈师道等25人，认为这些诗人都是与黄庭坚一脉相承的。此图早已失传，现存最早记载见于南宋胡仔《苕溪渔隐丛话》前集卷四十八引。

图中所列的25人是：陈师道、潘大临、谢逸、洪刍、饶节、僧祖可、徐俯、洪朋、林敏修、洪炎、汪革、李錞、韩驹、李彭、晁冲之、江端本、杨符、谢薖、夏倪、林敏功、潘大观、何颙、王直方、僧善权、高荷。

稍后的《云麓漫钞》等书所记载的名单与此稍有出入。这些诗人并不都是江西籍，大概吕本中的原意只是因为诗派之祖黄庭坚是江西人，派中人又以江西人居多，就取名江西诗派。

所列25人中，作品较多的只有陈师道、谢逸、洪刍、饶节、洪朋、洪炎、韩驹、李彭、晁冲之、谢薖等10人。这10人中，除陈师道外，其余人作品成就皆不甚高。

刘德仁创大道教

金兵南侵中原之后，北方的汉族士子，既不甘心仕金为官，又不愿陷于宋金之抗争，满腔才华抱负无处施展，有的便投身宗教，试图从中寻求精神慰藉和社团的资凭。在这种心态影响下，刘德仁自创大道教，以宗教教团联络自保，开辟一方属于自己的天地。

刘德仁是河北沧州人，自幼出家。金朝皇统二年（1142），年方20的刘德仁，自称遇神人传授《道德经》，通晓玄妙道诀，遂创立了大道教，又名真大道教。他在传道时，以召神劾鬼之术为人治病，一时远近之众纷纷前来求医求教，教门大兴。朝廷也逐渐承认了大道教为合法的正式宗教，并敕封刘德仁为东岳真人，允许弟子嗣守其业。

大道教创建之时，正值华北地区饱受战争灾祸，民生凋敝、食用匮乏，社会精神生活紊乱，人心不宁，所以大道教的教义充分顺应时势需要。它崇尚俭朴自律，不苟取于人；自耕自足，不化缘乞食；不言炼丹飞升，而以默祷为人驱鬼治病，这种质朴实用的教风，颇受百姓欢迎，故此能在民间广泛传布。

大道教又继承道家清静无为、见素抱朴的遗意，主张"和光而同尘"，"知足不辱"，既不做抗暴英雄，也不做帮凶无赖，这一点符合了北方金统治区多数民众的情绪，而产生了很大的感召力。事实上，这种教义也确实适应了恢复农业生产、稳定人心、改善社会气氛的客观需要。金廷欣赏其安宁社会的作用，所以对大道教礼敬有加，推进了它的发展。

刘德仁掌教38年而传于二祖，四祖毛希琮时，正值金朝灭亡，大道教于兵革之中，以柔自存，隐于民间，余绪不绝。至元朝宪宗时（约1251），又得以光复兴盛，倍受朝廷宠信。

大道教在八祖岳德文继任时臻于极盛。八祖因治愈丞相安童之病而被视

战乱不断的南宋

南宋进贡人雕塑

宋代壁画《菩萨像》

THE CHINESE CIVILIZATION

宋代壁画《善事太子本生故事（观织）》，反映宋代织女的艰辛生活。

南宋印金敷彩
菊花纹花边

战乱不断的南宋

为神人，朝廷御赐玺书，厚加封赠，诸王争相结纳，捐赠田产金宝，为其修缮宫宇。一时间，大道教不仅风靡河北，而且流行于江南，仅江南一地就有庵观四百，则大道教其时势力之盛，可以想知。

刘德仁手创的大道教，兴盛于金元两朝，元亡后也随之衰落。末代祖师张清志事亲至孝，曾于临汾地震时救人无数，平生不与权贵交纳，高风亮节，为时人推赏。

大道教虽亡，但却留下了许多著名道观，如大都南城的天宝玉虚，平谷的延祥，房山的隆阳，许州的天宝，猴山的先天等等。

宋税绢数大增

宋廷南迁以后，国内的纺织品分丝、麻、棉三类，以丝织业为主，生产数量与质量比南迁以前有了很大的提高。两浙的"缣丝之美，不下齐鲁"，已赶上了北方的先进水平。杭州城内遍布丝织作坊，所生产的罗、锦、丝、鹿胎、透背皆花纹独特，色泽织造不一。还生产一种漂亮的纻丝，它是由各种染色丝线织成，有织金、闪褐、间道等类，色彩鲜丽。南宋初年的税绢等物，主要产自两浙、四川。绍兴十七年（1147），东南诸路年收绸三十九万匹、绢二百六十六万匹、绫罗绝三万余匹；四川仅上贡及激赏两种税绢（包括绸绫锦绮）就有四十四万匹，加上其他税绢项目，超过了北宋神宗时代的夏秋税帛数（367.2万余匹）。此时的统治区远比南迁前狭小，而税绢却增多不少，这反映出南方的丝织业有了很大的发展。

THE CHINESE CIVILIZATION

战乱不断的南宋

叶梦得去世

叶梦得（1077~1148），宋苏州吴县（今江苏苏州）人，后迁居乌程（今浙江湖州），号石林居士。叶梦得于绍圣年间中进士，早期曾任过丹徒尉一类的小官。宋徽宗在位时，累官至翰林学士。在颖昌府（今河南许昌）主持政务期间，非常体恤百姓疾苦，曾发放常平票赈济灾民，以抗拒宦官杨戬等人的搜刮，同时惩治当地的贪官污吏。宋高宗即位后，叶梦得任翰林学士兼侍读，不久迁为尚书左丞。在绍兴初期年间，叶梦得还曾担任过江东安抚制置大使兼建康知府（建康为今江苏南京）、行宫（今浙江杭州）留守，致力于抗金防务及筹措军饷。后来又担任福州知府兼福建安抚使。叶梦得于绍兴十八年（1148）十二月去世，享年72岁。叶梦得博学多才，作词婉约秀丽亦不乏雄杰，生前多有著述，有《建康集》、《石林词》、《石林燕语》、《避署录话》等传世。

宋禁私史诽谤朝政

宋代史学发达，私人著史的风气非常盛行。秦桧于绍兴年间执政多年，为防其卖国罪行载入私史，多次求高宗赵构禁私史，并大兴文字狱，摧残异己。秦桧命其子秦熺以秘书少监领悟国史，将建炎元年至绍兴十二年（1127~1142）日历590卷中凡诏书章疏稍涉及自己的，一律更易焚弃，此后的记录皆为秦熺执笔，完全黑白颠倒、是非不分。士大夫家藏的野史大都被付之一炬，就连司马光的后人司马伋也因怕受连累而否认司马光著名的"涑水纪闻"一书。前参知政事李光因斥责秦桧怀奸误国而获罪，被贬到藤州、琼州一带。李光在贬所曾写私史，其子李孟坚对陆升之谈及此事，被告发到朝廷，秦桧命送大理寺查讯。到绍兴二十年三月李光修私史罪名成立，朝廷正式禁止以私史诽谤朝政。胡寅、程王禹等与李光有书信来往的八名官员也被牵连，分别受到不同的处分。

建安书业鼎盛

南宋时期，建安印书业兴盛，成为刻书中心之一，并长盛不衰，一直延续至元、明二朝。直到明末清初，因受兵罹之灾，建安刻书事业始告衰弱。

福建有建安、建阳两县地处闽北，周围武夷群山绵亘，盛产竹木，其榕树所竹木，是生产雕版印刷用纸张的上佳材料。由于这一带所出纸张适宜于雕版印书，价廉物美，吸引了大批刻书商。早在宋代，麻沙镇和崇化镇就已书坊林立。随着宋室南渡，建安、建阳竟然发展成全国三大雕版印书中心之一，与浙江临安（今杭州）和四川眉山并称。

建安一带书坊出的书，世称建本或麻沙本（以纸张多出自麻沙镇，故名）。其著名书坊有建安余氏勤有堂、黄三八郎书铺、陈八郎书铺、建阳麻沙书坊、建宁书铺、建安江中达群玉堂、巢川余氏等，遍及建安、建阳各地，极一时之盛。其中建安余氏勤有堂，父子相传，营业数十世，自北宋至明代历经数百年不衰。

建安书业的市场定位是面向大众，以出版经史百家和唐、宋名家诗文为主。为适应科场应考和市民日常生活需求，也刻印一些科举用书和医学用书。建安书业对一般市场变化很敏感，南宋末年，平话小说风行市井，书坊主人马上出版了《武王讨纣》、《东毅伐齐》、《前后汉书》、《大宋宣和遗事》、《五代史》等普及读物。这也为后代历史小说创作的繁荣作了前期准备。

建本能够吸收一些官本、浙本的长处，加上通俗可读性强，很受市场欢迎，印刷量很大，所以现今流传的宋、元本书，多为建本。但由于建本成书快捷，但求速销，不能精雕细琢，故无书中极品。后人评价宋本亦以杭州为上，蜀本次之，福建最下。

此外，建安书业还创造了铜活字，成功地印成铜字《墨子》等书。

陈旉著《农书》

南宋绍兴十九年（1149），陈旉著成《农书》。它所反映的是南宋初长江下游三角洲的农桑经营情况，是一本典型的地方性农书，也可视为一部自耕农和小经营地主的生产经营和技术指导手册。学者们对《农书》评价甚高，认为它可以与《氾胜之书》、《齐民要术》、《王祯农书》、《农政全书》等并列为我国一流的古农书。它有许多独特的创见和发明，内容丰富多彩。

陈旉《农书》是以江南一个农业区域或一个具体农场为研究对象，虽然连序、跋在内才一万二千余字，但书的结构表现出了江南泽农特点的一个相当严谨的整体，作者似乎是试图追求一个新的完整的农学体系。全书分上、中、下三卷，上卷没设篇名，内容是论述土地经营管理和作物栽培，重点讨论水田生产但也兼及旱地的耕种为全书主体；中卷《牛说》，论述耕牛，实际上是水牛的经济地位、饲养管理，以及牛病的防治，这是所有现存农书中第一次用专篇系统研究耕牛的问题；下卷蚕、桑，讨论蚕、桑的培育管理。把蚕桑作为农书的一个重要问题来研究，也是此书所开先例，并对以后的农书有深远的影响。最能体现出其体系严谨的是他上卷诸篇的编次，按实际耕作过程中先后当考虑的问题而贯穿为一个有条理的有机整体，分别论述了"财力之宜"、"地势之宜"、"耕耨之宜"等"十二宜"。正如作者在后序中所说，其目的是使"览者有条而易见，用者有序而易循"。

陈旉本人是一个杂糅释、儒、道思想的全真教道徒，《农书》中用以解释农学原理的哲学思想也较驳杂，有"农本"、"圣人"之训、阴阳五行学说等，而其核心的指导思想仍是以"天、地、人"为内涵的"三才"哲学思想，这与其他农书一样。陈旉对农业生产的一般原理进行较高理论性的探索，常用自己的语言表达心得体会，表现了其独创性。陈旉把"人力"的作用放在首位，看作是整个农业生产的核心。对于"地"，注重统筹观察与利用，

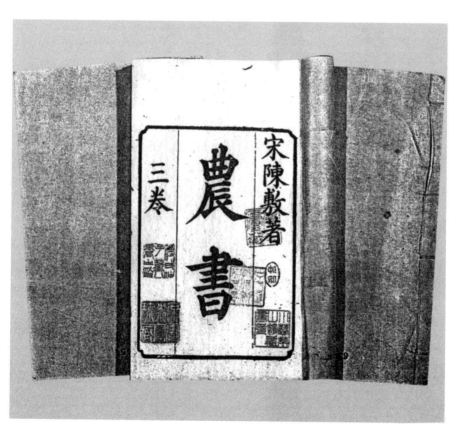

《农书》

特别强调施肥对于提高地力的重要性。论述"天时",他把"天"、"地"、"时"紧密结合起来谈,反映出他对三者相互作用的关系的深刻认识。

陈旉在《农书》中对土壤和施肥理论的发展有突出的贡献。陈旉以前的农书对于施肥的方法的论述很贫乏,似乎是只有基肥一种,只强调绿肥的使用。陈旉在《粪田之宜》等篇中介绍了火粪、发酵的麻枯、粪屋积肥、沤池积肥等积肥方法,其指导思想是开辟肥源、多积肥料,增进肥效、避免损失,大大地丰富发展了我国古代土壤、肥料学的理论。

陈旉《农书》还有一个与其他农书不同的特点是,它不仅仅记述耕作、栽培等生产技术,而且还注重对农业进行经营管理。并且形成了比较系统的经营管理思想。这些思想来自于他自己经营管理的实践活动中。

他认为,农业经营要有整体的观念和进行通盘筹划,要有计划、有步骤。要充分利用同一块土地,多种经营,使"种无虚日"、"收无虚月"。还得注重农业技术的应用,重视农具和动力,提高工作效率。这种系统的经营管理思想对后世影响深远。

吴棫创古音学

宋代学者思想比较解放,他们的许多创造性的研究工作给后代以重要影响。音韵学在这一时期取得了重大发展,音韵学的各主要分支科学都取得了很大成就。吴棫最先从事上古音研究,并开创了古音学。

古音是指专门研究中国周秦两汉时期汉语语音学。这门学说在汉代,也就是汉语语音对比周秦时产生了历史变化以后,就产生其萌芽。汉代的学者,主要是在读《诗经》等先秦韵文时感受到了汉语语音的变化。《诗经》是一部押韵的诗,但汉人用其语音去诵读时,发现有些地方并不和谐,而对此最敏感的,是汉代的训诂学家。例如,"车"的读音,刘颐在《释名·释车》中就指出"古者曰车,声如居"。

但自六朝开始,距先秦已很遥远,人们在诵读周秦韵文时,为了押韵和谐,便擅自以当时的语言标准去衡量周秦古音,临时改变韵脚字的读音,这就是所谓的"叶韵",或称"叶句"(叶,读如协,就是和谐的意思)。这种"叶

战乱不断的南宋

陈勇像

韵"说，完全是不懂语音变化，以今律古的做法。唐代的陆德明已经看到了"叶韵"说有误，但他没有深究。到宋代，大学者如朱熹等人仍旧全面采用"叶韵"的办法来说明《诗经》的用韵。

吴棫（1100～1154），字才老，是宋徽宗宣和六年的进士，担任过太常丞，泉州通判等职，他是最早对古音进行专门研究的人。

吴棫研究古音时，搜集《易》、《诗》、《书》以下至北宋欧阳修、苏轼的文集等五十种著作，比较其中各种韵文，考察古人用韵和当代韵书分韵不同的地方。他所用的基本方法是根据韵文的押韵关系来确定古音，实际操作时，他以隋朝陆法言的《切韵》音系为代表的中古音206韵为依据，直接把韵文的押韵字归类、分部，凡韵文压韵与206韵不合的，就用古音通转的理论来解释。由此吴棫完成了《韵补》5卷，首次分出了古韵9部。

《韵补》成为汉语音韵学史上第一部研究古音的著作，而吴棫创造的用采联押韵字来推求古音的方法，也成为清代研究古音的主要方法。尽管《韵补》一书还存在时代不清、整理方法不够严谨、分部过于粗疏等缺点，但其开创古音学之功，却在音韵学史上占有重要地位。

《东京梦华录》怀念旧都

《东京梦华录》是追求北宋都城东京汴梁（今河南开封）城市风貌的笔记，共10卷，南宋孟元老作。孟元老原名孟钺，号幽兰居士，曾任开封府仪曹。青年时曾随其父旅居东京23年，北宋覆亡后南渡。后为寄托对故都旧地的怀念之情，写成《东京梦华录》。

《东京梦华录》中所记汴京城市面貌、时令、风俗、物产、娱乐等颇为详细，而所记当时礼、仪卫尤委曲周至，且多为作者亲身见闻，反映出北宋时期城市经济的发达和市民文化娱乐生活的丰富多彩。所记虽与宋志多有不同，但是可以相互印证，因此，对了解和研究北宋时期城市经济、城市风貌、市民生活等都有一定的意义。其中关于戏曲、曲艺、杂技的记载，历来受到研究者的重视。

《汴京宣德楼前演象图》，北宋王室每年都在宣德楼前举行盛大的轩骑演象活动。

此外，《东京梦华录》所创立的体裁，为以后的《都城纪胜》、《梦粱录》、《武林旧事》、《如梦录》、《续东京梦华录》等所沿用。1956年，上海古典文学出版社出版有标点本。

张元素创脏腑辨证说

《黄帝内经》、《中藏经》，孙思邈的医学著作，都包含了脏腑辨证的思想，北宋著名医学家钱乙对此有所总结，开创了脏腑辨证的理论先河。在此基础上，张元素结合自己的临床经验和体会，对疾病的脏腑辨证方法作了系统的理论概括，从生理、脉、证、预后、治疗五个方面讨论了脏腑病机和证治。形成了脏腑辨证说的理论体系，成为易水学派的开创者。

张元素，字洁古，生卒年不详，是与刘完素同时而稍年幼的著名医学家。几乎30岁时，他才开始攻读医学，经过数十年的刻苦钻研，学术和临床经验有了丰富的积累。有一次，刘完素患"伤寒"，自己八天的诊治仍无好转，其门人请来张元素，最初，刘认为他是后学而面壁不顾，十分轻视，听完张元素对病因病机、用药之误的分析陈述之后，肃然起敬，自感不如，于是服了张的处方之药，一剂而愈，从此，张元素的名声大炽。

张元素的著述很多，但大都散佚，现仅存《医学启源》、《珍珠囊》、《脏腑标本虚实用药式》三书。《医学启源》3卷，为张元素为教授弟子而作，上卷论脏腑、经脉、病因、主治等，中卷为"内经主旨备要"及"六气方法"，下卷为"用药备旨"。《珍珠囊》主要根据《内经》理论，阐发药物的性味、阴阳、升降、浮沉、补泻道理及六气，十二经随证用药的方法。《脏腑标本虚实用药式》分别叙述各脏腑生理特点、本病、标病的临床表现及虚实寒热证候的法则和药物。

其脏腑辨证说，大力提倡和阐发药物归经和引经报使的学说，确定了药物与脏腑的对应关系。所谓"归经"，是指药物对脏腑及其所属经络的选择性作用，反映了药物作用的特异趋向。比如同是寒凉泻火药，而黄连泻心火，则称它归心经；黄芩泻肺火，则称它归肺经，石膏泻胃火，则称它归胃经。这种药物归经理论虽在《神农本草经》中即已论及，但未被予以足够重视。

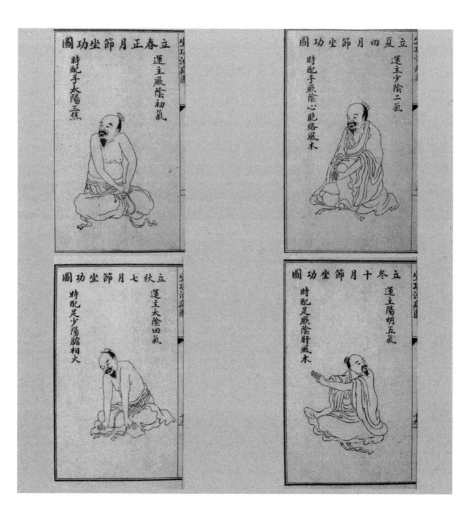

《二十四气坐功导引治病》之立春、立夏、立秋、立冬坐功图。

张元素将其继承并发扬，通过对 100 种药物归经的明确标示，为人们在脏腑辨证基础上准确选择药物提供了重要依据。对一些作用特导性极强的所谓"引经药"药理的认识，是张元素的制方理论的一大创见。

同时，他擅长师古方之法而化裁新方，创制了许多后世医家喜用的方剂，如为克服麻黄汤、桂枝汤的副作用而创制的四时发散通剂，实践证明对外感风寒、风湿病证有较好的疗效。由于他对药物气味厚薄的阴阳属性及其升降沉浮作用趋势的关系阐发上，表现了其精深的药物学造诣，李时珍在《本草纲目》中对其大加称赞，所许甚高。

所有这些遗方制药理论，都是建立在其脏腑辨证理论的基础之上的，因而，受到后世的极大重视，成为易水学派对传统医学的突出贡献。

宋考察喀斯特地形

南宋时期，人们通过旅游和考察，对喀斯特岩溶地区有了进一步的观察与认识。

南宋著名诗人陆游在他的《入蜀记》中，记载了他游香溪（今湖北秭归）洞穴时所看到的情景。他认为香溪源出昭君村，碧绿清澈，水味甜美。于是他便乘小船顺水而下，大约行了一里多远，忽发现一洞口，洞口很小，但一进入洞内，才发现里面极大，可以容纳数百人，宽敞壮丽，如入大宫殿中，有石幡旗、石芝草、石竹笋、石仙人、石龙虎、石鸟兽等，千姿百态，莫不逼真。

南宋罗大经曾游容州（今广西省容县），发现一处喀斯特洼地。其底部平坦，地表有一个和地下河相通的落水洞（罗称之为"勾漏洞"）。于是他从洞口乘小筏进入，发现暗河曲曲折折，暗洞中石钟乳千奇百状，如虎如豺，"森然欲搏"。再往里走，忽然发现一颗大星，走近才知是一个透天溶孔，光线从小孔射入，奇亮无比。罗大经也曾到桂林山水作过实地观察，他发现那里是发育极典型的"峰林"地貌。他说"桂林石山怪伟，东南所无"。韩愈当年把它形容为"山如碧玉簪"；柳宗元比喻为"拔地峭起，林立四野"。南宋杰出诗人范成大，不但亲自游历过桂林、阳朔、兴安、容州等喀斯特岩溶地区，而且注意到有些溶洞是由于河岸"波浪汹涌，日夜漱啮之"，即因河水长期侵蚀而成。这是古人对喀斯特地形形成原因的初步解释。

总之，宋代人们以实地观察为依据对喀斯特地貌作出的种种描述，为后世进一步研究喀斯特现象提供了历史资料。

宋广泛流行导引术

宋初，儒、释、道三教开始合流，所以宋初的儒者学士在精研儒家学说的基础上也兼及释道的学说，思想活跃，学派很多。来自道家释家的导引养生之术就在这帮儒者文士之中流行起来了，他们当中还有人对此作过精深的研究，多有著述。

当时内丹学在儒者文士中颇为流行，两宋名儒种放、穆修、李之才、邵雍、周敦颐、晁迥、苏轼、朱熹等都曾潜心研究过内丹学，有的还根据内丹之传实地修炼。据元初张雨《玄品录》记载，穆修、李之才、邵雍等人的内丹之学都直接间接来自陈抟的传授。叶梦深在《石林燕语》卷10中说：晁迥"初学道于刘海蟾，得练气服形之法。后学释氏，尝以二教相参，终身力行之。既老，居昭德坊里第，又以前为道院，名其所居堂曰'凝寂'，燕坐肃然，虽子弟见有时。"静坐就是内丹学的主要修引方法。

在修习导引术的宋代儒者中最有名的恐怕要算苏东坡了。苏东坡是宋代著名的文学家，他的思想中儒、释、道兼有之。他在养生诸法中"择其简而易行者"为之，"积累百余日，功用不可量，比之服药，其力百倍。"他的导引方法是："每日以子时后，披衣坐。面东或南，盘足坐，叩齿三十六通。握固闭息，内视五脏，肺白肝青脾黄心赤肾黑。次想心为炎火，光明洞彻，入下丹田中，待腹满气极，则徐出气，候出息匀调，即以舌搅唇齿内外，漱炼津液，未得咽下，复作前法，闭息内观，纳心丹田，调息漱津，皆依前法。如此者三，津液满口，即低头咽下，以气送下丹田中，须用意精猛，令津与气谷谷有声，径入丹田。"这就是静坐功。

当时还有许多讲理学的大师，无论是道学家还是心学家，都喜欢用"静坐内省"来教育人。据说程颐一坐便是几个小时，朱熹也很重视静坐。他在"沧

战乱不断的南宋

导引图——养血脉导引式

州精舍"就经常静坐，并对人说："人著逐日无事，有现成饭吃用，半日静坐，半日读书，如此一二年，何患不进。"（《朱子语类》卷二）朱熹一生心仪于内丹之道，撰写了《周易参同契考异》一书。他认为自己"异时每欲学之，而不得其传，无下手处"，故"不敢轻议"。

总的说来，宋代内丹学的流行对儒学的影响极大，其哲学理论给儒学提供了具有极大启发性的思想材料，并且这种属于气功一类的修炼方法以其治病强身、延年却老之功效吸引了包括儒者文士在内的众多人士去实践和体会，对后世产生了极大的影响。

当然，有些人的养生之术也并不是来自内丹说，如欧阳修就认为要想享天命，"尽天年"，就要"以自然之道，养自然之生，"至于内丹学，虽"可以全形而却病"，却非上策。这可以说是养生术的另一个流派了。

戦乱不断的南宋

1151~1160A.D.

南宋

1151A.D. 宋绍兴二十一年　金天德三年　夏天盛三年　西辽仁宗耶律夷列绍兴元年

三月,金广燕京城。四月,金帝迁都燕京。宋名将韩世忠死。福州开元寺版大藏经成。泉州安平桥成。

1153A.D. 宋绍兴二十三年　金天德五年　贞元元年　夏天盛五年　西辽绍兴三年

三月,金改元贞元,定五京之号,又改考试、车服制度。

1154A.D. 宋绍兴二十四年　金贞元二年　夏天盛六年　西辽绍兴四年

五月,金始置交钞库。十一月,金初置惠民局。

1155A.D. 宋绍兴二十五年　金贞元三年　夏天盛七年　西辽绍兴五年

十月,宋相秦桧死。宋以秦桧死,令前所勒停编管诸人任便居住。

1156A.D. 宋绍兴二十六年　金贞元四年　正隆元年　夏天盛八年　西辽绍兴六年

六月,宋钦宗死于金。

1158A.D. 宋绍兴二十八年　金正隆三年　夏天盛十年　西辽绍兴八年

正月,金帝谋南侵,责宋纳叛亡,盛边备以借口。十二月,金大营汴京。

1159A.D. 宋绍兴二十九年　金正隆四年　夏天盛十一年　西辽绍兴九年

二月,金籍壮丁,造战船;八月,又调民马以备南侵。金境人民以不堪苛暴,纷起反抗,山东沂州、河北大名皆有数万,契丹人亦出没太行山,攻破数县。

1160A.D. 宋绍兴三十年　金正隆五年　夏天盛十二年　西辽绍兴十年

宋行会子。

1154A.D.

神圣罗马帝国腓德烈一世起程赴意大利,企图在彼处恢复皇帝权力。腓德烈在位三十八年,远征意大利六次,此为第一次。

英格兰斯拉芬卒,诺曼第公(安茹伯)亨利继位为英王,称亨利二世。由于与埃拉诺之结婚,使彼保有法国领土之大半。自此开始英史上之所谓"普兰塔哲内特朝"(或译作金雀花王朝)。

1156A.D.

神圣罗马帝国在拉的斯本召集戴耶特作出若干有关于"选侯"之决定。自此以后选侯逐渐成为日耳曼政治生活中一有力团体。

安平桥建成

　　随着海外交通贸易的发展，南宋时期，泉州在洛阳桥的基础上，又兴建了许多大石桥。安平桥就是其中著名的一座。

　　安平桥位于今天的福建泉州安海镇西南，又被称为安海桥、五里桥、西桥。它是在绍兴八年（1138）开始动工建造的，绍兴二十二年，即公元 1152 年全部完工，历 14 年之久。安平桥跨越晋江、南安两县之间的海湾，全部用花岗

安平桥

石砌成，坚固无比，规模巨大。全桥长近五华里，远比洛阳桥工程浩大。安平桥桥头的刻石上有"天下无桥长此桥"的字样，证明当时最长的石桥就是安平桥。安平桥的宏伟规模，正反映了宋朝人高超的建筑技艺。

安平桥建成之后，对于交通贸易的发展起了很大的促进作用。

米友仁善画江南

1153 年，宋代画家米友仁去世。

在北宋末南宋初，米友仁以他著名的江南山水画活跃在画坛上。

米友仁（1074~1153），字元晖，小字虎儿，米芾之子，世人称其为"小米"，太原人。19 岁时作《楚山清晓图》受到徽宗赵佶的赏识，此后名声大噪。宋室南渡后，米友仁曾任兵部侍郎等职。

米友仁上承家学，尽管书法上不比乃父，但却继承和发展了其父的画风，山水画尤为精绝："点滴烟云，草草而成，而不失其天真，自题为墨戏。"他特别注意写生，在自然的山水中寻找灵感。所绘之画题材多为表现湿润多雨、烟雾弥漫的江南山水，给人以朦胧飘缈之感，其友翟耆年有诗云："善画无根树，

《潇湘奇观图》，米友仁画。

《潇湘奇观图》，米友仁画。

能描濛潼云"，道出了米友仁水墨山水画的特点。传世作品有《云山小幅》、《潇湘奇观图》、《潇湘百云图》等画卷。

《云山小幅》是一纸本方幅。画山头和坡石以皴染、勾勒为主，树木则用浓墨画干，用湿笔点叶，又留出空白表现烟云，虽然草草而成，却尽得率意天真之笔。《潇湘奇观图》是一水墨纸本长卷。画连绵不断的云山，山头反覆皴渲，上加浓淡墨点；树木有干无根，似悬浮地上，再以湿笔点叶，以笔尖点树顶枯梢；整个画面显得浑茫模糊，不露笔踪而意境俱在。

在二米之前，山水画崇尚精确细致表现客观景物，米友仁在运用简率的泼墨来表现江南烟云迷漫的山水境界有较大的突破。其脱略形似、放浪于规矩法度之外立意去表现江南迷濛云山烟雨的画风，对元以后的文人画产生了深远的影响。

韩世忠去世

南宋绍兴二十一年（1151）八月，一代名将韩世忠去世，享年63岁。

韩世忠，字良臣，宋延安人。他家境贫困，十八岁参军作战，抵御西夏的战争中他立下大功。后来参加过镇压方腊起义，又攻杀游寇李复。建炎三年，韩世忠参与讨伐发动政变的苗刘，功高受封为武胜军节度使、御营左军都统制。次年春天，韩世忠率八千水师将十万南侵的金兵困在黄天荡四十天，使金兵闻风胆丧。绍兴初年，他镇压过福建范汝的起义。绍兴四年，他又在大仪镇大败金军。后来扼守淮水，多次打败金军的进攻。

韩世忠是一位与岳飞齐名的抗金名将。绍兴十一年（1141），韩世忠与岳飞、张俊一起被召进朝中，兵权被解除。死后，高宗追封他为通义郡王。

战乱不断的南宋

《郡斋读书志》成书

绍兴二十二年（1152），晁公武著写的《郡斋读书志》成书。

晁公武，字子止，宋朝济州钜野人，后来迁居四川嘉定府（今四川乐山）。绍兴年间，晁公武中进士。晁公武是晁迥的后代，家里有很多藏书。后来他到荣州做官，又得到很多赠书。他总共有大约二万四千五百本藏书。晁公武在做官务政之余，勤谨治学，博览群书，经过多年努力，终于写成《郡斋读书志》一书。

《郡斋读书志》分成经、史、子、集四大部分，每部分有一个总论。部下面又分类：经部10类，史部13类，子部18类，集部3类。这部书旁征博引，资料详实，论述精辟，是一部学术价值相当高的目录学著作。《郡斋读书志》宋代有两个刻本：一个是袁州本，一个是衢州本。

犁耕取代锄耕

犁耕取代锄耕是农业生产和农业技术的重大成就和根本性革命，在金代，上京诸路已基本完成此过程。

考古发掘出土的大量金代铁制农业生产工具显示，这时期的农业生产技术较前代已有相当进步。在今黑龙江、吉林、辽宁、河北、北京、山西、河南等省市出土了数量众多的农具，有的一处出土达数十件。如黑龙江肇东八里城出土各种铁制农具50余件，北京房山县焦庄村出土30多件，其中种类繁多，有犁铧、蹚头、犁壁、镰、手镰、锄、锄钩、耘锄、镐、钁、叉、锹、铡刀、车辖等，每种工具又有多种不同形式，分别可用于翻土、播种、牛耕除草和收获等各个生产环节。1976年，在河北滦平县窑上公社岑沟村——金代农家遗址中，发现了一个《齐民要术》中提到的"瓠种"所用的窃瓠，它是见于

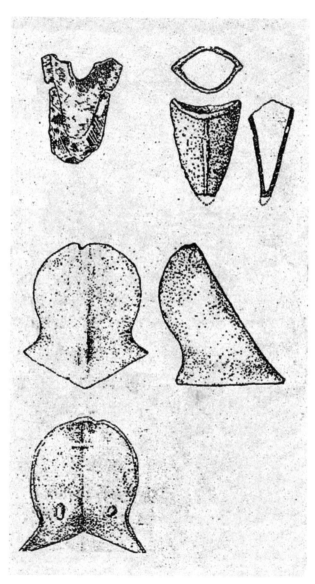

金代铁铧、铁楼铧、铁蹚头

报道的迄今最早的此类遗物。

据此分析可以认为，至迟在金代中期，上京诸路使用的铁制农具已经成龙配套。黑龙江肇东八里城出土的 50 多件铁制农具经初步整理，直接用于农业生产的有翻土分土工具，除草工具和收割工具。而且许多农具与中原地区的农具已基本一致，甚至十分相似，有些还同近百年及 20 世纪 30 年代前后黑龙江地区农村使用的工具有些近似，表现了其农业技术的进步性。

除了数量多、品种齐及应用的细致性以外，其结构也显得相当进步，如所出土的犁铧，尖端角度较小，不仅入土深，而且能起较大的垄，有利于保墒全苗。而所用的锄头，锄板很薄，上边还安装有弯形锄钩，这样，锄草时既不易碰坏庄稼，又可深锄而省力。

在耕作技术上，这些地区已广泛推行了辽代的垄作，不仅能防风沙，而且有利于吸收太阳光能，提高土壤温度，的确适宜于东北地区的环境及气候特点。在此基础上，金代进一步完善并形成了一整套适合这种耕作方式需要的农具。如出土的犁铧、钱镶和现代东北地区使用的已很相似，而与河北地区的出土文物有较大差别。再如犁壁，上京地区的呈长方形，而北京的则为扁方形。这些差别显然是与当时实行垄作和平作方式不同有关的。最有特色的是蹚头，这种既可以分土起垄，又可以牛耕蹚地的适合东北垄作方式的特征性农具，到目前为止，仅在黑龙江肇东八里城等地遗址中有所发现。

据上述材料足以推断，在金代犁耕已经取代了锄耕并已发展到相当高的水平，这些成龙配套的农具使许多地区已摆脱了粗放的耕种方式，进入了精耕细作农业的时代，极大地促进了农业生产的发展。

宋公私多铸钱

绍兴二十八年（1158）七月初，洪遵在朝廷上陈述铸钱的利害关系，认为用来铸钱的铜虽然不算少，但是多数被民间销毁作为日常用具，流失的数量一天多过一天。并且提到，自从将提点官罢去以后，铸钱的任务总是不能完成。宋廷对此高度重视。同年七月，因为缺铜铸钱，朝廷取出御府的铜器一千五百多件送到铸钱司，并且命令收购官府、民间的铜器，以及铜佛像等等，每斤铜，可换钱二十文。接着又规定，凡是民间铜器，限一个月内交给官府。否则，十斤以上判徒刑两年，罚钱三十万文，并且允许人告发。命令一下，宋廷得到二百万斤铜，全部铸成钱。

除朝廷外，宋民间也有很多人铸钱。宋使用过两种含铜不一样的钱，旧钱一百文，重十一两（按当时一斤十六两计），而新钱一百文，才重五两多，如果将旧钱一千文销毁，掺杂一些别的金属，重新铸造，可以得到新钱两千五百文。因为铸钱可以牟取暴利，民间很多地方都有人私自铸钱，官府屡禁不止。

宋禁杀人祭鬼

宋朝的时候，民间有杀活人祭祀鬼神的丑恶习俗，特别是在湖南、陕西、两广等地方，这种杀人祭鬼的活动大为流行。宋朝廷多次禁止都没有什么效果。

绍兴二十三年（1153）六月，将作监孙寿祖鉴于杀人祭鬼的陋习蔓延到浙江、四川这些地方，妨害官府政令的推行和居民生活的安定，影响很坏，于是上奏朝廷，陈述利害关系，请求朝廷责令监司、州县严行禁止，并且建议朝廷对违反的人处以连坐的重刑，捣毁所有巫鬼淫祠，以绝后患。宋廷见事态严重，再不严禁恐怕会造成更恶劣的后果，于是采纳了孙寿祖的建议，立即颁布文告，委派专官，采取严厉措施来禁止这种陋习。宋廷的严刑重罚，在一定程度上扼制了杀人祭鬼这种丑恶习俗的扩散。

秦桧病死

　　绍兴二十五年（1155）十月，谋害忠良、卖国求荣的大奸臣秦桧病死，终年六十六岁。

　　秦桧（1090~1155），字会之，江宁（今江苏南京）人。政和五年（1115）考中进士，从此登上仕途。北宋末年的秦桧曾担任御使中丞，一度主张抗金，反对割地求和，声名很旺。金军占领开封后，他反对成立张邦昌伪楚政权，被金俘虏到北方，在威逼利诱之下投敌变节。后来，金廷放他回南宋。

　　秦桧回到南方后，很快得到宋高宗赵构的信任，将他升为宰相。因他提出"南人归南，北人归北"的主张，被朝中大臣排挤，罢去相位。后来又设计复出。绍兴八年（1138），秦桧极力主张和金议和。绍兴十年金兀术带兵南侵，岳飞等人率军抗金，大败金军，进逼开封。秦桧与赵构怕大权旁落，用十二块金牌强令岳飞班师，使得十年之功，废于一旦。第二年，秦桧与赵构合谋解除岳飞、韩世忠等抗金名将的兵权。接着以"莫须有"的罪名将岳飞杀害，与金朝签订了投降的"绍兴和约"。

　　秦桧两次做宰相，长达19年，独揽朝政，排除异己，竭力贬斥主张抗金的官员，大兴文字狱，压制抗金言论。他结党营私，贪赃枉法。在科举时作弊，让自己的儿子和孙子都中了状元。还暗中增加民税，使江浙饥民大批饿死。秦桧病死后，举国欢腾，人民拍手称庆。

李焘续作《百官表》

司马光的《百官表》只写到周世宗时就结束了。到了南宋，双流知县李焘广泛地搜集资料，把上起宋太祖建隆元年，下至靖康二年金兵灭北宋这167年间的新旧官制，编著成书，定名《续皇朝公卿百官表》，共90卷。

李焘博学多才，为人刚正，受到张浚的器重。奸相秦桧曾打算笼络他，但李焘不跟他往来。秦桧党羽都看他不顺眼，极力排斥他。于是李焘一直做了二十年双流知县这个小官。李焘依然故我，不折腰，清高自守。在务政之余，他广泛地察考正史、实录、家集、野史等，专心撰写百官表。李焘经过多年积累写成的《续皇朝公卿百官表》，是第一部续《资治通鉴》的长编。

闽学创立

南宋时期，理学家朱熹创办书院，讲解经书，宣传理学，培养了大批弟子，并由此创立"闽学"学派。

朱熹是理学的集大成者，他的思想代表了理学发展的最高水平。朱熹早年出入佛老经传，所学以儒家经典为主，对佛、道也有一定造诣。24岁，朱熹受学于李侗，从此专心致志于儒学的研究，成为二程的四传弟子。二程的学派称"洛学"，李侗是"洛学"传人，朱熹师从李侗，把二程的学说再向前推进了一步，所以"闽学"是对"洛学"的继承和发展，同时它也吸收了佛与道两家的思维成果。

朱熹门下弟子云集，仅在《文集》中与他有书信来往的就有二百多人，在《语类》中，有姓名可考的笔录者亦有九十余人。这批弟子和后学聚众讲学，在学术界颇有影响。朱熹重视学校教育和知识训练，他在办学讲经的过程中勤于著述，对儒家经典进行注释、整理，引导学生读经明理。朱熹的著述宏富，

战乱不断的南宋

《朱熹著书图》，描绘
了一代理学大师的著述
生活。

门类众多。经书类有《周易本义》、《周易启蒙》、《诗集传》、《书集传》、《仪礼经传通律》、《孝经刊误》。四书方面有《四书章句集注》、《四书或问》。历史方面有《伊洛渊源录》、《通鉴纲目》、《八朝名臣言行录》。文学方面有《诗集传》、《楚辞集注》、《韩文考异》。此外，朱熹还编辑了《二程遗书》、《二程外书》、《上蔡语录》、《近思录》。注解性的著作有《太极图说解》、《通书解》、《西铭解义》，还有考证道教的著作《参同契考异》、《阴符经考异》等等。他的语录被后人编为《朱子语类》140卷。朱熹在经、史、文学等方面均有成就，可见他学问之渊博。

朱熹的理论体系庞大，其思想的核心是理气说。"天理"的概念在张载和二程的哲学中已经提出，朱熹在此基础上，更严密地论证了作为宇宙之本体的"理"或"天理"。在朱熹的思想体系中，理既是宇宙本体，又是社会道德规范的源头和依据。理是超越个体的客观存在。"气"的思想以张载发挥得最深刻。张载以气为本体建立了一套完整的宇宙论，解释宇宙万物生灭变化的总过程。朱熹保留了"气"概念，把"气"纳入自己的理学体系中，以理为体，以气为用，突出理的本体地位和气的化育功能。无形相无造作的本体（理）通过有凝结造作功能的气派生出天地万物，这样理、气与物三者沟通起来，气使理有了挂搭之处。所以，理必须通过气才能演化出万物，气也须依附理才能化育流气，气与理不可分。两者的关系是理本气末，理主宰气，从主体上（或逻辑上）来说，理先气后。朱熹以气沟通了理与物，他进一步说明作为抽象本体的理与万事万物各具之理的关联，提出了著名的"理一分殊"说，阐发了一般与个别、抽象与具体的辩证关系，促进了理论思维的发展。

朱熹不仅从理论上论证天理说，而且从实践上点明认识天理的方法，这就是"格物致知"或"格物穷理"。朱熹所说的"物"不仅包括自然万物，还包括身心性格及人伦日用。"物"包括外界事物、自身心性及生活事件，可见其范围之广。"格"即认识、体贴之意，朱熹"格物"的重点仍落在道德修养的性理方面，格物的目的是穷理明善成德。他把"格物"看作一个由表及里，由浅入深的过程，重视知识的积累，在此基础上达到贯通。朱熹在宋明理学家中最重视知识训练，并把知识的培养与道德的修炼结合起来，其"格物"包含有格求天地自然、草木器物之理的内容，这些思想为明中叶以后中国自然科学的发展提供了精神资源。

朱熹总结了北宋以来理学的成就,为理学之集大成者。在朱学思想体系中,不仅熔铸了传统的儒家思想,而且还吸取了佛、道思辩哲学的营养,更富于理论思维色彩。以朱熹为代表的"闽学"是理学的成熟形态,对当时及后世都产生了很大的影响。朱子之学在宋元之际传播到朝鲜日本等国,17世纪欧洲人开始注意朱学,18世纪初有人翻译了朱熹的某些作品。可见,朱子之学的研究已超越了国界,朱学已成为有世界影响的哲学理论。

宋舞队活跃于民间

两宋时期,逢年过节,有组织的、自娱兼表演的舞蹈活动十分活跃,许多不再被宫廷长期供奉、必须自谋生路的专业歌舞艺人与农村优秀舞人乐伎一起涌向城市,形成一支为城镇百姓表演的专业队伍。他们组成班社,开辟固定的表演场地,相互在艺术创造和表演上展开竞争、争夺观众,这一切为

宋代乐舞图

舞蹈艺术向商品化和剧场化过渡准备了条件,并促进了舞蹈技艺的不断提高。

宋代民间欢度节日,以歌舞为主,"舞队"是指包括武术、杂技、说唱等的游行表演,当时称之为"社火",也有人认为社火来自于祭社乐舞习俗。民间"舞队"的活动规模十分可观,名目也很丰富,每年腊月下旬开始,就陆续有舞队出动,到正月初一后,日渐增多,到元宵节达到高潮。

"舞队"表演技艺的名目,《东京梦华录》、《梦梁录》、《西湖老人繁胜录》、《都城纪胜》均有记载,《武林旧事·舞队》所记更为详尽。舞蹈性的节目有:大小金棚傀儡、快活三郎、瞎判官、细旦、夹棒、男女竹马、男女杵歌、大小斫刀鲍老、交衮鲍老、诸国献宝、穿心国人贡、孙武子教女兵、六国朝、四国朝、遏云社、绯绿社、胡女、风阮稽琴、扑蝴蝶、回阳丹、大乐、瓦盆鼓、焦锤架儿、乔三教、乔迎酒、乔亲事、乔乐神、乔捉蛇、乔学堂、乔宅眷、乔像生、乔师娘、独自乔、地仙、旱划船、教象、装志、村田乐、鼓板、踏跷、扑旗、抱锣装鬼、狮豹、蛮牌、十斋郎、耍和尚、刘衮、货郎、打娇惜等等。由此可以窥见当时舞队的表演形式与内容之丰富多彩。从这些名目中还可以得知,纯粹的舞蹈表演节目并不多,大多是杂技、歌舞、舞蹈化的武术和体技表演,也有许多是以舞蹈动态语言为主的戏剧性小品,诸如《孙武子教女兵》以及许多的"乔××"。"乔"在这里可以理解为"乔妆"、模仿和扮演之意,可见此时的舞蹈艺术正向情节、人物性格化靠拢,向戏曲发展的总趋势。这在宋代的民间舞和宫廷舞中都是一致的。

从上述"节目单"中可将宋代"舞队"中舞蹈性较强的作品分为以下几类:

1. 表现农耕劳作和生活情趣的舞蹈。

《村田乐》,这是一种表现农村劳动生活的民间歌舞,乡土气息浓郁。范成大曾有诗描述临安灯节上表演该舞的情景:"村田蓑笠野,街市管弦清"。此舞一直流传到明代。

《讶鼓》,也写作《连鼓》、《砑鼓》,是一种以击鼓伴奏为特征的歌舞形式,其间常穿插妆扮各种人物表演的情节性舞蹈小品,类似今天秧歌中的小场子,元宵节表演《讶鼓》的风习,由宋至元、明、清,一直流传不衰。

《十斋郎》,也称《舞斋郎》、"斋郎"是唐宋时代掌管太庙或郊社祭祀仪式的一般官员,本应讲求仪表端正无疾,但在宋代这一官位可以荫新,也可用钱捐买,故称职者不多,人们便用舞蹈予以讽刺。《十斋郎》即以风趣怪异的形态，刻画了那些笨拙无能、滑稽可笑的官员的丑陋形象，编入民间舞队表演。

《鲍老》，或称《舞鲍老》，民间舞队中的滑稽舞蹈。

2. 装神扮鬼，带有宗教神秘色彩的舞蹈。《装神鬼》，简称"神鬼"，是宋代民间舞队和百戏中的舞蹈类别。这类舞蹈名目很多，象《抢锣》、《舞判》、《硬鬼》、《歇帐》、《七圣刀》、《哑杂剧》等皆是，主要在每年腊月至次年元宵节的广场舞队中表演。"装神鬼"中的各个节目，几乎都以一声爆仗的鸣响和燃烧的烟火相接，扮着各种怪异鬼神形象的舞者轮番出场表演，《东京梦华录》对这些舞蹈都有较详尽的描述。

3. 舞蹈化了的武术、击技表演及其他。这类舞蹈虽已融入了更多的武术技艺借以吸引观众，但其主要艺术特征还是舞蹈。一些比较有名的舞蹈有《斫刀》、《舞蛮牌》、《抹跄板落》，此外与《斫刀》相类的《舞剑》，在民间舞队中也有表演，《都城纪胜·瓦舍公技》中就有《舞剑》名目。

宋代民间舞蹈与前代相比，有几个鲜明的特点：

一、表演性舞蹈的一部分，由宫廷走向了民间，服务对象从专为皇室贵族到兼为广大市民阶层。

二、出现了一些以舞蹈为谋生手段的专业艺人，加快了舞路表演艺术剧场化、商品化的进程，促进了舞蹈艺术技巧的进一步提高和丰富。

三、民间舞蹈活动更为经常，形式、品类、节目更为多样，更富有娱乐性，保存下来的史料和流传下来的节目更多，很多民间舞作为汉族民间舞蹈的主体，一直活跃于明、清和近现代，盛传不衰。

四、民间舞蹈的题材扩大了，内容更丰富，多角度、多层面地反映生活，融进了许多传说故事，出现了生动鲜明的人物形象，出现向戏剧靠拢、发展的趋势。

全真教兴起

靖康之耻，自称"教主道君皇帝"的宋徽宗做了金人的阶下囚，北方各地的道教宫观大多毁于兵燹，赵氏御用的符箓派道教，至此已腐朽衰落。但在中国源远流长、根深蒂固的道教并不因此完结，遭受了山河易主、国破家亡的创痛，又承受着民族与阶级双重压迫的北方民众，亟需传统道教的精神慰藉；统治渐趋稳固的金廷，在采用汉法的同时，也相中了道教来加强精神统治，缓和社会矛盾。金人入主中原不久，新的道教便从民间应运而起，迅速流行，并受到统治者的支持利用。

北宋后期，主张练丹服气的外丹派因数百年来毫无灵验而没落，取而代之的内丹派社会影响已相当广泛，正酝酿着新的大教团的诞生；文化上，多元融合成为社会的一种新趋势，三教合流成为文化思潮的主流，吸收佛道的新儒学（宋代道学）和容纳儒道的新佛学（宋代禅学）相继出现，贯通三教的新道教虽未诞生，却也呼之欲出了。不久，便有王喆（1113~1169）从庶族地主中应运而出，上承北宋内丹道教传统，下应时代潮流，以"三教圆融"为号召，创立了一个具有完整教义教创的新道派——全真教。它是宋元道教鼎革浪潮中涌现出来的一个最大、最重要的新道派。

王喆出身富庶，文武全才，但直至四十七岁仍不得志，才慨然入道，自号重阳子，后人又称他为王重阳。他是个天才的宗教宣传家，善于随机施教，尤其擅长作诗词歌曲劝诱士人，制造神奇诡异惊世骇俗。未立全真教以前，他在终南山筑穴而居，号"活死人墓"，内则潜修金丹，外则佯狂装疯，还自名"王害风"，但并未引来信徒。大定七年（1167），他焚居东行，云游至山东半岛，树起"全真"旗号，不仅招收了马钰、谭处端、刘处玄、丘处机、王处一、郝大通、孙不二七大弟子，还在文登、宁海、福山、莱州一带建立了五个群众性的教团会社，正式创立了全丹道的组织形式。不久，王喆在返回关中路上逝于汴京。但他东行传教这三年中，成绩卓著，在理论和组织方

战
乱
不
断
的
南
宋

宋壁画《善事术子本生故事》（医眼），描绘了牛医盲人眼一个场景，颇具特色。

面都为全真教的兴盛奠定了基础。

王喆所收的七大弟子，多数出身豪门富户，而且皆是士子中的第一流人才，不仅自身成为全真教兴旺发达的骨干力量，而且身后各自形成门派，推动全真教继续发扬光大。全真七子传道途中，秉承师道，以奇行苦节感动世人，又轻财仗义，济人之急，民众感佩之余，入教者渐多；他们又有著述问世，不仅总结发展了全真教的教义理论，而且便于结纳士类，相与推扬。全真七子积极向外弘宗传教之余，还特别注意争取朝廷的承认和重视，并且开始营造宫观，建立巩固的宗教活动基地。

经过二十余年经营，全真教在组织上已具备相当规模，教义也发展完善。王喆继承内丹派道禅融合的思想，高唱三教合一，宣扬"三教从来一祖风"，"太上（老子）为祖，释迦为宗，夫子（孔子）为科牌"，后来全真家常说"天下无二道，圣人不两心"，正是这种会通三教的强烈愿望的表现。全真教力倡三教平争，也是有鉴于儒佛两家远胜于道教的不等事实，他们说三教之徒交游中不应有门户之见，显然是要抬高道家地位，与儒佛平起平坐。

全真教作为一个道家流派，也坚持成仙证真的信仰。他们汲取佛教"众生皆有佛性"说，宣扬人人皆可成仙论；又援附禅宗的"见性成佛"说，宣扬明心见性，即可证仙，但其学说比禅宗更浅显易学。王喆为其新道派起名"全真"，正是为了提倡保全真性，以清净为宗，以识心见性为本，成就一个最完美、最真实的人生。

随着全真道日益形成一种不可忽视的精神力量和社会势力，金朝统治者也受到了触动；而全真道又是不以政治为目的的宗教教派，更促使金廷对之拉拢利用，以加强黄河流域广大汉族区域的统治。皇帝的一再征召问道，抬高了全真七子的身份，助长了全真教团在民间的发展；而全真教的势力愈益扩大，朝廷对它也愈益重视。刘处玄掌教时，全真道正式成为合法宗教，全真道进入稳定发展时期。金朝衰败后，在民间拥有强大势力的全真道，成为蒙古、金、南宋三国争夺中原中所争取的一个重要目标。掌教人丘处机审时度势，明智地选择向背，推辞了金、宋而应诏成吉思汗，为全真道的鼎盛创立了未来的社会政治条件。

《关尹子》流传

南宋时期，道教著作《关尹子》开始流传。《关尹子》在道教中称为《文始真经》，出自南宋永嘉孙定家之手，是中国古代心理思想专著。

这部书分上、下两卷，提出了以形、气、神；心、物、道；心、性、情；意、识、思为中心的四组范畴。《关尹子》认为，形、气、神三者是性质各不相同而自成体系的实体，以神为主，以神存气，形与神合，最终归于无。心、物、道三者合一，见物见心，无物无心，见心见道，无心道不见。心、性、情三者一致，情由心生，心又生于性。意、识、思的关系，《关尹子》认为，意具有变动性和自觉性两个特点，识是随着意的变化而变化的，它具有识证和辨别两种功能，思是一种思维活动，必须有意识的参与，否则思维活动就不成立。在对心、性、情三者关系作出解释的基础上，《关尹子》提出了"心流说"和"情波说"，揭示了意识情感的实质。所谓"心流说"，就是说人的心理、意识象大江的水一样，昼夜不停地奔流着。这与19世纪末的詹姆斯以意识流来解释人的思维活动的理论有很大程度的近似。

《关尹子》又提出了两大命题，其一是"物我交生心"。即人的心理活动是主体与客体的矛盾统一，只有在客体与主体交互作用的过程中，才能产生心理。其二是"心无时无方"，也就是说心理活动不受时间和空间的限制。其中对梦的解析，具有一定的价值，认为经验、性格对梦有影响，意识与潜意识之间有一定的联系并可互相转化。《关尹子》对人类思维科学的研究达到了一定的理论高度，具有较高的学术价值。

范成大作《四时田园杂兴》

范成大（1126~1193），字致能，平江吴郡（今江苏苏州）人，南宋著名诗人。他幼年时受到良好教育，经史文章俱通。绍兴二十四年（1154）中进士，仕途平坦。出使金国时，他在金主面前"相机折冲，词气慷慨"，维护了宋廷的威仪，"全节而归"，为朝野所称道。此后官至四川制置使、参政知事。晚年退居石湖，自号石湖居士。

范成大的诗以写江南农村生活和地方风俗者最为著名。由于生活关系，范成大涉世较早，对农村生活了解较深刻，年轻时即写了一些揭露南宋赋敛之重、官吏煎逼之酷、同情百姓疾苦的诗，如《催租行》、《后催租行》等。后来在各地为官时，他亦写下大量以农村生活为题材的诗，如《插秧》、《晒茧》、《围田叹》、《劳畲耕》、《夔州竹枝歌》等等。他晚年所作的《四时田园杂兴》是他田园诗的代表作。这组诗生动地反映了宋代乡村景物、风情、劳作、天灾人祸等等，堪称宋代农村风俗画长卷。尤其可贵的是其中许多诗篇把描写农村自然景色和揭露封建剥削结合起来，继承了乐府诗的现实主义精神，赋予以闲恬隐逸为其特征的传统的田园诗以更深刻的内容。

《四时田园杂兴》分"春日"、"晚春"、"夏日"、"秋日"、"冬日"五组，每组12首绝句，共60首，可谓古代田园诗之集大成者。诗中写景物突出特色，风格轻巧，语言清新，笔力深刻，意境明快旷远，给贫血的田园诗坛注入了鲜活的生命力，对南宋以后的田园诗产生很大影响。

1161~1170A.D.

南宋

战乱不断的南宋

1161A.D. 宋绍兴三十一年　金正隆六年　世宗完颜雍大定元年　夏天盛十三年　西辽绍兴十一年

七月，金迁都汴京。九月，金大举侵宋，金帝督东路诸军，连下数城；其西路数失利。金人立东京留守褎为皇帝，改元大定，是为世宗；褎后改名雍。金兵渡淮，破滁、庐、和、扬等州，宋淮东西军退江南。十一月，宋虞允文等败金兵于采石矶。金帝亮为其下所杀，金遣人与宋议和。

1162A.D. 宋绍兴三十二年　金大定二年　夏天盛十四年　西辽绍兴十二年

正月，耿京起义抗金，据东平府，遣辛弃疾等请命于宋；宋命京为天平节度使，知东平府。六月，宋高宗自为太上皇，太子眘即位，是为孝宗。七月，宋诏雪岳飞。九月，耶律窝罕败死。

1163A.D. 宋孝宗隆兴元年　金大定三年　夏天盛十五年　西辽绍兴十三年

正月，吴璘奉诏班师，宋所复秦凤等路诸州皆复归于金。四月，宋用张浚议，出兵攻金，五月，败金兵，复灵壁，寻又大败金兵，复宿州，嗣以诸将不和，大溃于符离。西辽仁宗死，承天皇后萧氏听政。

1164A.D. 宋隆兴二年　金大定四年　夏天盛十六年　西辽承天皇后崇福元年

金以宋相汤思退主和，不修边备，乘虚渡淮，十一月，连下楚、濠、滁等州；宋遣使如金请和。十二月，宋金和议成，金宋为叔侄之国。

1167A.D. 宋乾道三年　金大定七年　夏天盛十九年　西辽崇福四年

正月，宋整顿会子。

王喆在宁海州全真庵聚徒讲道，创全真教。

1170A.D. 宋乾道六年　金大定十年　夏乾祐元年　西辽崇福七年

五月，宋修四朝会要成。十一月，宋严禁载钱过界。十二月，宋于江州、临江军、抚州置监铸铁钱。

文学家张孝祥去世。王喆卒。

1167A.D.

牛津大学约在此时开始。

1170A.D.

英格兰托马斯·皮克特与亨利二世复和，返自法国，但仍将与亨利友善之主教数人驱逐出教。

虞允文败金兵于采石

宋绍兴三十一年（1161），金正隆六年，十一月，海陵王准备从西采石杨林渡（今安徽和县东）渡江。宋军因统帅王权已被罢免，新帅李显忠还没到任，一万八千多名士兵、几百匹战马，宛如一盘散沙，情况十分危急。

正巧中书舍人、参谋军事虞允文到采石（今安徽当涂北）犒军，见此情形，毅然担负起抗御金兵南侵的重任。他立即召集统制时俊、王琪等商议，晓以大义，激以厚赏，众人都听从他的命令。

虞允文命令各位将领列骑兵于江岸不动，将船队分为五部：两队傍东西岸；一队驻守中流，载精兵拦截金军；另两队隐蔽于小港，待机援救。这时，金兵已开始渡江，少数到达了长江南岸。虞允文于是亲临前线指挥，时俊则身先士卒，与金兵展开激战。到晚上，恰巧江北岩州（今河南潢川）败退下来三百名宋兵，虞允文当即发给他们旗鼓兵械，让他们从后山转出。金兵以为宋援军赶到，这才退兵。允文又命令将士用劲弩追射，金军大败。第二天，允文又派盛新率水军进攻长江北岸的杨林渡口，再败金兵。至此，海陵王从采石渡江的计划宣告失败。

金军采石兵败后，锐气大减，退回和州（今安徽和县），接着转向扬州，内部矛盾加剧。宋军则因之倍受鼓舞，增强了打败金兵的信心。

海战兴起

宋代，海战渐渐兴起，这是因为当时海船建造技术的发展，为海战准备了充分的物质条件，使海战的兴起成为可能；而更重要的是，沿海航路的重大战略意义在当时明显地显露出来，无论是在宋金对峙时期还是在宋元对抗阶段，沿海航道都成为南下北上的重要途径，具备了重大的军事意义，因而海防的地位日见重要，海战明显增多，规模增大，揭开了中国古代大规模海战的序幕。

海战也是水战的一种，中国古代的水战，一般均由近距离的接舷战决定最后胜负。宋代水战已具备了近代水战的雏形，由于弓弩的大量使用，特别是爆炸性火器如火箭、铁火炮、霹雳炮等的应用，出现了在一定距离之外可以发起攻击的水战。宋代水战的基本战法，有火攻、接舷战、顺流冲角三种。在具体战役中，各种战法交互使用，致使宋代水战精彩纷呈，蔚为壮观，有江河攻防战、内河水战、水陆结合战等。当宋代水战由内河扩及海上，由江河作战扩为江海作战，就导致了中国古代大规模海战的兴起。

宋代海战中，唐岛之战最初出现，这是火器应用于水战之后的第一次大规模海战，在海战史上写下了光辉的一页。绍兴三十一年（1161），金完颜亮大举南下，苏保衡、完颜郑家奴率水军 7 万人，铁舰 600 艘直指临安；南宋水军将领李宝率战舰 120 艘，水兵 3000 人迎击。在黄海唐岛（又名陈家岛，在今山东灵山卫附近）两军相遇，李宝乘敌军尚未发觉，命令舰队全面出击，突入敌阵。金军遭到突袭，惊慌失措，仓促应战，舰只挤成一团。李宝迅速下令向敌军发起火攻，金舰队陷入一片火海。接着，李宝又指挥舰队插入敌未着火的舰阵之中，命令士兵靠帮跳上敌舰，展开激烈的白刃战。结果，全歼金舰队，只有苏保衡只身逃脱。此次海战，李宝长途奔袭，以 3000 水军，全歼超过自己 20 倍兵力的金宠大舰队，创造了中国海战史上以少胜多、以弱

《武经总要》中的楼舡图，楼舡是一种楼船。

胜强的光辉战例。

海战的兴起，增强了当时宋王朝的国防力量，对宋朝人民保家卫国起到了很好的积极作用；而宋代海战兴起，又对后世海战起到了开创先河、并具有重大启迪作用，所以说宋代海战兴起，又是近现代海战雏形的形成。

中国创造火箭

火箭起源于中国，是中国古代重大发明之一，是一种依靠自身向后喷射火药燃气的反作用力飞向目标的兵器。宋代火箭广泛应用于军事，被称为"军中利器"。

火箭一词，最早见于《三国志·魏明帝纪》注引《魏略》，魏明帝太和二年（228），诸葛亮出兵攻打陈仓（今陕西宝鸡市东），魏守将赫昭"以火箭逆射其云梯，梯然，梯上人皆烧死"。但那时的火箭，只是在箭杆靠近箭头处绑缚浸满油脂的麻布等易燃物，点燃后用弓弩发射出去，用来纵火。火药发明后，上述易燃物由燃烧性能更好的火药所取代，出现了火药箭。北宋时期已大量生产火药，并用来制造火器，主要有弓火药箭、弩火药箭、霹雳炮。北宋后期，民间流行的能高飞的"流星"（或称起火）属于用来玩赏的火箭，南宋时期，产生了最早的军用火箭。当时的火箭是在普通的箭杆上绑一个火药筒，发射时引线点燃火药，火药燃气从尾部喷出，产生反作用力推动火箭前进，它以火药筒作发动机，以箭杆作箭身，用翎和箭尾上的配重铁块稳定飞行方向。其构造虽简单，但组成部分却很完整，是现代火箭的雏形。当时有些称"雷"或"炮"的武器，如南宋绍兴三十一年（1161），宋金采石之战所用的带着火光升空的"霹雳炮"实际上就是一种火箭。火箭的火药筒制造简单，用多层油纸、麻布等做成筒状，筒内装满火药，前端封死，后端留有小孔，从中引出火线，这与现代火箭制造原理十分相似。火箭的战斗部就是一般的箭头，或代之以刀、矛、剑，强者可射穿铠甲，射程可达五百步（约775米），有时在箭头上涂缚毒药来增强杀伤效果。火箭战斗部从用冷兵器实施个体杀伤，发展到用火药作群体杀伤和破阵攻城，是火箭武器杀伤威力的重大推进。火箭技术迅速提高，发展成种类繁多的火箭武器，广泛应用于战

宋代军队配备的火箭，将火药筒缚在箭支前部，由火药燃烧产生的
后推动力发射。

场。许多中外文献对中国古代火箭均有记述，尤以明朝焦玉撰《火龙神器阵法》和茅元纹撰《武备志》最为详尽，对各种火箭的制作、使用和维修方法、火药配方和用量，及飞行和杀伤性能等均有记载，并有大量附图。

宋代火箭技术的发展，不仅为中国古代战争提供了先进武器，而且具有重大的科学价值，是我国对世界文明的一项特殊贡献。

耿京起义

金正隆六年（1161）、宋绍兴三十一年，济南府农民耿京、李铁枪等人不堪金朝的繁重赋税，揭竿而起，率领当地农民攻占莱芜、泰安。

不久，山东各地的小股义军贾瑞、辛弃疾等人纷纷率众前来投奔，连大名府的王九也表示愿受耿京节制。起义军迅速壮大。

金大定二年（1162）、宋绍兴三十二年正月，耿京率众收复东平（今山东东平）恰逢金军进攻两淮，于是他派诸军都提领贾瑞、掌书记辛弃疾等赴南宋行在奏事。朝廷任命耿京为天平军节度使，知东平府兼节制京东、河北路忠义兵马；权天平军节度掌书记辛弃疾补右承务郎；诸军都提领贾瑞补敦武郎，冷门祗侯。另外，义军将领被补官的还有近二百人。

然而，就在辛弃疾前往临安时，张安国被金收买，背叛了浴血奋战的义军将士，成了可耻的叛徒，耿京在海州惨遭杀害。耿京领导的这支义军，从几人到几十人再到几百人，才有了此时的规模，然而主将的被害，使这支队伍损失惨重。

不久，辛弃疾回到海州，杀了张安国率部投宋，领导义军继续投入到抗金的战斗中。

宋整顿会子

　　会子是南宋的一种纸币，早在北宋熙宁年间就已出现。南宋末年，由于经济的繁荣发展，临安民间出现了作为兑换铜钱的便钱——会子，由豪右主持发行，绍兴三十一年（1161）二月，为了管理会子的印造发行事务，朝廷设置了行在会子务。

　　自从绍兴三十一年印行会子开始，到乾道七年，共印行了二千八百多万道。但是，各路货远依指挥都要收现钱，州县也不许民户输纳会子。这样一来，各地会子堵塞，不能正常流通。于是就有商人专门用纸价买进会子，支取现钱，市场一片混乱。度支郎唐琢上书说明了这个情况，请求给度牒和各州助教帖各五千道支付给榷货务，派人根据现行价格，全部用会子购进。宋孝宗下诏，令先发给度牒和助教帖各五百道试行。

　　另外，乾道二年（1166）夏，宋孝宗曾命户部开始印制面额分别为二百、三百、五百和一贯的交子，规定只能在两淮流通不得过江，这使得民间买卖很感不便。中书、门下省了解了这一情况后，南宋政府解除了两淮铜钱、会子不能过江之禁，允许民间以交子作现钱输官。

　　总之，经过对会子的整顿，南宋的经济秩序又稳定了。

战乱不断的南宋

南宋青铜塔

宋孝宗即位

　　宋绍兴三十二年（1162）初，由于南宋军民的坚持抗击和统治集团的政变内讧，金被迫撤军北还。宋军乘势收复了许多州县，各地义军也纷起响应，形势对宋十分有利。

　　此时，主和的宋高宗赵构既不敢继续抗金，又难于继续推行投降政策，处于进退两难的境地，就决定把重担交给养子——皇太子赵眘。

　　赵眘，原名赵伯琮，是太祖的七世孙，赵德芳后人，秀王赵称的儿子。赵构曾有一子名赵旉，但"苗刘之变"被拥立为小皇帝，事件平定后，不久就夭折了，而赵构又因为"维扬之变"时受了惊吓，丧失了生育能力，所以一直没有后嗣。绍兴二年（1132），赵构选6岁的伯琮入宫，赐名瑗，绍兴三十年（1160），又更名玮，立为皇子；绍兴三十二年，又更为眘，立为皇

南宋绛色罗地绣花鸟璎珞纹残片

战乱不断的南宋

宋孝宗赵眘像

太子，一个月后，高宗退居德寿宫，自称太上皇，赵眘即位，这就是宋孝宗。因为这一年是壬午年，所以被称为壬午内禅。

孝宗在位二十七年，不忘恢复故国，即位之初即诏令为因主战而蒙冤的岳飞等人昭雪，极大地鼓舞了主战派的斗志。

张浚主持北伐不成

张浚（1097~1164），字德运，汉州锦竹（今属四川）人，政和（1111~1118）年间登进士第。建炎三年（1129），首谒勤王之师，平定苗、刘之变。他锐志北伐，但因绍兴七年的淮西兵变而引咎去职。秦桧专权期间，张浚被长期排斥在外。直到绍兴三十一年（1161），完颜亮背盟南下，他才被再度起用。

绍兴三十一年，朝廷下令设置御前万弩营，招募淮民，由张浚亲自训导，不久就练成劲军。隆兴元年正月，张浚升任枢密使，都督江、淮东、西路军马，开府建康（今江苏南京）。同年十月，张浚拒绝金经略南边的左副元帅纥石烈志宁的无理要求，屯兵于盱眙（今江苏）、泗濠（今安徽凤阳东）、庐（今安徽合肥），严加防备。

隆兴元年（1163）、金大定三年，宋孝宗、张浚为收复中原失地而发动了一次北伐。四月，金重兵压境，并向宋索取海、泗（今江苏盱眙北洪泽湖中）等州及岁币。因孝宗一贯锐意恢复，张浚请孝宗临幸建康，先发制人。

但是，尚书右仆射兼枢密使史浩极力反对，因而丧失了有利战机，金军已在宋军北伐前作好了南侵的军事准备。

隆兴元年（1163）四月，李显忠奉命率军北伐，从濠州（今安徽凤阳东）渡淮，击败萧琦，五月，宋军收复灵壁。同时，邵宏渊从泗州攻虹县（今安徽泗县），但多日没能攻下，最后还是李显忠招降了金守将大周仁，从此二将不和。宋军收复虹县后，挥戈直指宿州。在李显忠大败出城抵抗的金兵后，宋军随即包围宿州，开始攻城。显忠手下将士首先攻入城中。宋军攻取宿州后，中原为之震动。正当战争处于转折关头之际，由于两将不睦，副招讨使邵宏渊不仅按兵不动，更散布流言，动摇军心。当李显忠失利时，更不肯力战救援，以致李显忠在符离兵败，宋军资器械丧失殆尽，主力溃不成军，难以再战。

北伐因此而失败。孝宗被迫与金议和。

　　孝宗拜一意主和的汤思退为相。汤思退为扫除与金议和的障碍，趁张浚视师江淮之际，上言孝宗，使张浚被罢相。不久以后，张浚去世。

　　由于宋撤边备以求和，使得金军趁虚而入，用重兵胁迫宋按照他们的条件议和。宋再度听命于金。

隆兴和议既成

　　张浚主持的北伐失败后，南宋朝廷准备与金议和。

　　隆兴元年（1163）、金大定三年七月，宋因和议撤了海州的戍兵，派魏胜知楚州（今江苏淮安），负责守卫清河口。魏胜用沉船、巨石、大木蜡塞十八里口和淮渡舟路，屯兵在淮渡南岸和运河之间。当时宋金和议未决，金军趁宋边备松懈，大举南下。十月，金军分道渡淮，十一月，击败宋渡口守军和清河口援军，夺得十八里口。最后，淮东安抚使、都统制刘宝怕妨碍议和，又以为决无战争，不发援兵，以致魏胜战死，宋失楚等十州。

　　就在金军渡淮深入宋境之际，朝臣纷纷上书反对和议，指责汤思退等人一意议和、自废边备，使金军乘虚南下，纵敌误国。十一月，汤思退被罢相，责居永州（今湖南零陵）。不久，太学生张观等72人伏阙上书，请斩汤思退等奸臣，以谢天下，思退因王之望的救解而免于死罪。

　　隆兴二年（1164），金大定四年闰十一月，经过几年的战争和外交努力，宋金双方终于就和平条件达成一致意见。主要条款为：双方世为叔侄之国，宋帝正皇帝之称，不再向金称臣；改岁贡为岁币，宋每年给金白银20万两、绢20万匹；宋放弃商（今陕西商县）、秦（今甘肃天水）等六州，两国疆界还以绍兴和议为准；不遣返叛亡之人。这就是隆兴和议，以后，宋金双方保持了四十年的和平关系。

　　隆兴和议既成，宋廷就开始裁定内外大军的兵额。乾道元年（1165）七月，定殿前司兵额为73000人。二年正月，定马军司兵额为28000人（六年正月

金代岩山寺壁画《鬼子母变相》

增至 3 万），步军司为 21000 人。

后来，又陆续裁各地兵员。到乾道末年，宋内外军总数为 40 余万，每年军费需 8000 多万缗钱。

宋开两浙、江东田

隆兴二年（1164）八月，宋孝宗因为江浙一带的水利年久失修，加之有权有势的人家大肆围田，水道被埋塞，下令各州守臣寻视上报。

于是知胡州郑作肃、知宣州（今安徽宣城）许尹、知秀州（今浙江嘉兴）姚宪、知常州刘唐稽都上奏请求开决围田，疏浚河港。不久，宋孝宗下诏命令江东及浙西监司、守臣兴修农田水利。湖州、秀州、平江府（今江苏苏州）分别由朱夏卿、曾愭、陈弥作负责，常州、江阴由叶谦亨主持，宣州、太平府（今安徽当涂）归沈枢措置，绍兴则由守臣和浙东常平司组织兴修。

由于宋朝政府出面主持，所派官吏认真负责，两浙、江东地区纷纷还田为湖，水利状况得到了一定程度的改善。

乾道二年（1166）四月，又有吏部侍郎陈之茂上书，指出因有人围田而埋塞了泄水的通道，侵占了潴水之地，使地势较低的农田易遭水患。

于是宋孝宗下诏，命令两浙转运副使王炎会同州县官，开决浙西平江府（今江苏苏州）和湖、秀（今浙江嘉兴）等地新近围裹的草荡、荷荡、菱荡，以及在陂湖溪港岸边筑滕所成的田地，并且在已经开决的地方设立标记。

这次开决颇见成效，也触及了一些有权势的人家的利益，大将张子盖家的两块围田共有近一万亩就在开决之列。王炎还上奏朝廷，免除所开决围田中租户向田主所贷种粮和债务。

这一年的五月，为防止权要之家修复已开决的围田，尚书省又命令两浙转运司和诸县守令常加检查，不许违令再围。

山西应县净土寺大殿天花，其藻井、楼阁与殿内佛像的布置联成一体。

战乱不断的南宋

山西金墓中的仿木建筑，窗侧绘有孝子故事。

宋代建筑布局精致

　　两宋时期，中国建筑又进入了一个新的发展阶段，形成了又一个高潮。宋代建筑规模一般比唐朝小，组群及单体建筑的外貌形象也不如唐朝时那么宏大、雄伟，但建筑组群的规划设计比唐朝时灵活多样，不完全拘束于对称布局，而是随地形高低错落作自由布置，建筑木构逐步简化，结构简洁、明确，施工、构件加工细致精巧，形成了秀丽灵活的风格。

　　宋代建筑总体布局，大多采用沿中轴线排列成若干院落的方法，加强了建筑群的纵深感，使人置身其中感到层层空间的变化，每层空间因为庭院，达到精神方面的需要。另一种布局，如在宋画《滕王阁图》和《黄鹤楼图》等中所见到的棋阁亭台，高低错落、布置比较灵活自由，但仍以周围小建筑拥簇中央的主体建筑，突出中心构图的方法，是当时南方建筑在小林环境中常采用的手法。

　　佛寺、祠庙采用传统的廊院式布局，变化为在中轴线左右建楼屋与廊子连接，在主要殿堂左右建挟屋（耳房）以突出主殿的重要位置。

　　利用环境作园林式布局，如晋祠圣母庙建造在风景幽美的悬瓮山东麓，结合地形将主殿圣母殿紧贴山下面东，殿前作鱼沼飞梁，献殿等不太长的轴线，使建筑自然协调地建造在苍松翠柏之间。

　　单体建筑，由于木结构技术的发展，在建筑造型上和制度上产生了很多新的变化，如在楼阁中的十字脊歇山屋顶，殿堂的明间加大，左右各间逐渐减小，使立面构图突出中心，主次分明。

　　在外檐装修上，宋代采用了棋格花纹装饰的木门窗，不仅改善了殿内的采光和通风，还增加了美观，在简化了节点上的半拱之后，使建筑的内外空间显得开朗明洁、檐注侧角使建筑增加了稳定的感觉，屋顶举架随进深而定，进深越大，屋顶坡度越陡。

山西朔县崇福寺弥陀殿门扇棂格，是佛寺中使用棂花双扇门的较早实例，也说明了金代建筑艺术受宋朝建筑的影响。

在结构技术方面,《营造法式》大木制度中首先规定了木结构的模数制——材分制度,成为设计、建造殿堂最基本的依据,选"材"即拱和枋的断面为3∶2,科学地考虑了断面的刚度和强度。

使用木材常用小料复合、叠加或镶拼,如在大梁上加"缴背梁",余姚保国寺大殿中的"瓜棱柱"用同样大小的四根木料拼合,再在拼接处接镶四块小料,用榫卯固定。

木构构件加工精细,凡露明构件如柱、梁、枋、斗拱等用"卷杀",将柱头砍成覆盆形或上下柱径小、中间柱径大的校形柱。梁木伏、阑颜也都作成两肩卷刹的月梁形式,使原来粗糙笨重的构件变得柔巧轻盈。

总的说来,宋代建筑规划设计更趋科学,宋代建筑不仅有大量的建筑显示其辉煌成就,而且还有两部具有历史价值的建筑专籍出现,这便是《木经》和《营造法式》。

宋塔流行

宋朝是我国建造佛塔的盛期,这时期的佛塔已由木结构向砖石结构转变,平面形式和外观都更丰富多彩,以楼阁式为主的几种主要佛塔类型均已出现,而且几乎遍布全国,尤以中原黄河流域和南方为最多。

楼阁式佛塔是在受佛教外来文化影响下,采用中国古代传统建筑技术建造的高层建筑。起初多为木结构,固易毁于火灾,所以两宋以后砖石塔大量出现。两宋砖石塔按其结构和造型可以分为三种类型:第一种是塔身砖砌,外檐采用木结构,其外形同于楼阁式木塔,如苏州报恩寺塔和杭州六和塔等。报恩寺塔在苏州城北,又称北寺塔,建于南宋绍兴年间(1131~1162)。塔共9层,高71.85米,平面八角形,木檐外廊和底层副阶为清末重建,砖砌塔身是宋代遗构。六和塔在杭州钱塘江畔的月轮山腰,始建于宋开宝三年(970),绍兴二十六年(1156)重建,至隆兴元年(1163)建成,共7层,高59.89米,为平面八角的木檐砖塔。现存13层木构外檐为清末重建,砖心部分为宋代原

龙华寺塔

河南开封祐国寺塔

战乱不断的南宋

湖北高阳玉泉寺铁塔

庆华寺花塔

145

构。两塔的砖心部分为外壁和塔心室，里外两圈，之间夹以回廊和楼梯的"套筒式"结构布置，加强了塔身的刚度。在 800 年前就有此高层砖结构出现，足以说明中国古代砖石技术的先进。第二种是全部砖造，但塔的外形完全模仿楼阁式木塔建造。如屋檐、平坐、柱额、斗拱等用专门制作的异形砖或石构件拼装而成，形象逼真，泉州开元寺双塔是此种塔的代表。双塔在开元寺大殿前东西两侧，东塔称镇国塔，高 48 米，西塔称仁寿塔，高 44 米。两塔平面皆为八角形，高五层，塔下施须弥座石刻莲瓣、力士、佛教故事等装饰。塔心作巨型石柱楼梯设在塔壁和石柱间。塔身全部用约一吨重的大石条砌成，在古代无特殊起重设备的条件下，建造这样高的石塔，也可称为世界奇迹。第三种是用砖或石砌造模仿楼阁式木塔，并根据砖材料的特点，在构造上和外观装饰上作了适当的简化，如河北定州开元寺塔和河南开封祐国寺塔等。开元寺塔为 11 层八角形楼阁式砖塔，高 84 米多，是中国现存最高的砖塔，宋咸平四年（1001）开工，至和二年（1055）建成。砖塔只在底层作平坐、腰檐，以上各层用简单的砖叠涩挑出腰檐，檐下石作砖仿斗拱。塔壁与塔心之间作回廊，第四层以上各层阶梯在塔心作十字交叉。八角形塔身各层开 4 门，只在第二、第十及第十一层四面开窗，其余各层开假窗，这些都是加强砖塔刚性的措施。祐国寺塔建于宋皇祐元年（1049），是中国现存最早的琉璃砖塔，因使用深褐色琉璃砖，俗称"铁塔"。塔上所用构件如柱额、橡枋和斗拱、平坐等用 28 种型砖镶拼而成，装饰琉璃砖雕刻有飞天、降龙、麒麟等。

宋塔流行是佛教建筑在中国成熟的标志，而宋代砖塔精良的技术、多种多样的形式结构不仅丰富了中国式的佛教建筑艺术，同时也对朝鲜、日本、越南等国产生了不小的影响。

辽佛殿继承唐风格

辽代崇尚佛教，佛教建筑也因此达到了较高的水平。这些建筑以仿唐风格为主，其原因主要在于契丹在唐朝时隶属于唐，受唐文化影响较深。五代以后，又与宋对峙，因政治界限相隔阻，宋朝文化的辐射较为微小，因此佛教建筑仍然保留着唐代风格。

辽佛寺建筑在平面配置上，除因契丹崇拜太阳，寺院、大殿大多向东外，余皆类同隋唐制度，寺分数院，周环回廊，如大同华严寺、善心寺等。蓟县独乐寺观音阁及山门则更似敦煌壁画净土变中所见的以楼阁为中心、围以回廊的寺院，在佛殿外观上、结构制度上仍为唐代风格。由于战乱和自然灾害的缘故，遗存至今的辽代木结构建筑已是寥寥无几，有河北蓟县独乐寺山门及观音阁，辽宁义县奉国寺大殿，山西大同华严寺尊伽教藏殿，山西应县佛宫释迦塔，山西大同善化寺大殿，河北新城开善寺大殿，河北涞源阁院寺文殊殿等几座。这些建筑都是中国现存古代木构建筑的精华。它们建造时间早，结构精妙，艺术成就极高。

蓟县独乐寺山门和观音阁建于辽统和二年（984），此门平面为三间四架，16.16 米 ×6.00 米的矩形。用四阿（庑殿）顶，结构采用殿堂制分心斗底槽。在两次间中柱间垒墙分内外间、外间各塑金刚像一座，当心间安双扇板门，空间利用紧凑适宜，为唐代手法。内部不用天花，斗拱、梁、檩等构件全部露明，以结构之精巧和逻辑性获得充分的艺术效果。

观音阁采用殿堂结构，金箱斗底槽分内外槽的形式。为了在阁内供置16 米高的十一面观音立像，采用外观为两层楼阁式，内部结构层分为底层、平坐，上层各为柱额及铺作构成的两个构造层。除了屋顶之外，上下共有五个构造层的内槽不用梁木伏，呈空筒形式。室内构图以观音像为主体，从观音像发除向两侧作斜线至底层地面为一等边三角形，以此增加了佛像

战乱不断的南宋

下华严寺薄伽教藏殿内景

148

的稳定感。

山西大同华严寺薄伽教藏殿，建于辽重熙七年（1038），它采用内外槽的柱网结构和明木伏、草木伏两套屋架的做法，与唐代佛光寺结构相似。

山西大同善化寺主体结构也依唐制，采用面阔长于进深的矩形式样，前有月台，旁有尽间，但此殿注重大殿结构的造型和所形成的殿内空间同佛像布置及宗教活动方式的紧密结合，则体现了辽代佛殿建筑的重要特点。

辽代佛殿建筑在继承唐代风格的基础上，或多或少显示了自己的特点。早期以唐制为主，后期本民族的特色表现明显。

宋德寿宫舞谱流传

宋高宗于绍兴三十二年（1162）退位后，一直居住在德寿宫，至淳熙十四年（1187）死于此宫德寿殿。在此期间，祝寿饮宴常有歌舞相佐，宫中艺人曾制作、使用和收藏有一种舞谱，原谱已失传。周密《癸辛杂识》后集称，他曾得到过"德寿宫舞谱二帙，其中皆新制曲，多妃嫔诸阁分所进者"，继而概述了该谱的基本情况。

所谓谱者，其间有所谓

左右垂手：双拂、抱肘、合蝉、小转、虚影、横影、称裹。

大小转揎：盘转、叉腰、捧心、叉手、打场、搀手、鼓儿。

打鸳鸯场：分颈、回头、海眼、收尾、豁头、舒手、布过。

鲍老缀：对窠、方胜、齐收、舞头、舞尾、呈手、关卖。

掉袖儿：拂、蹲、绰、颤、掇、蹬、焌。

五花儿：踢、磕、刺、擳、系、搠、捽。

雁翅儿：靠、挨、拽、捻、闪、缠、提。

龟背儿：踏、缵、木、摺、促、当、前。

勤步蹄：摆、磨、捧、抛、奔、抬、抉。

从以上周密所辑录的这些字词术语看，德寿宫舞谱包括了手、袖、眼神、身段、步态和舞蹈队形等 9 类 63 项动态舞式,比晚唐五代遗存下来的《敦煌舞谱残卷》所显示的舞蹈内容更为丰富、完善,形象性和动态感更强。其中有许多术语与目前流行的舞蹈术语十分近似或完全相同。这份距今 800 多年的舞谱辑要,是研究宋代舞蹈艺术的宝贵史料,尤其在探索宋代舞蹈承上启下的枢纽作用方面,弥足珍贵。

宋代的德寿宫舞蹈,虽然是一份很不完整的辑录资料,但它所包含的内容十分丰富。这些宋代舞人创造的结晶,上承汉唐以来的传统舞式,下启明清及近现代戏曲舞蹈的先河,是宋代,也是中华传统舞蹈技艺与表演特征的一份浓缩记录,具有较高的研究价值。

《韵镜》出现

在韵书发达的促进下,宋代等韵学有了进一步发展,大量韵图被编制出来。《韵镜》也在此时编成,尽管作者已不可考,它仍是我国现存的最早的等韵图。《韵镜》的出现标志着在宋代时,汉语等韵学初步繁荣。

中国的等韵图学自西域,是在印度梵语悉昙(siddham)的影响下产生的。悉昙原是印度儿童识字的拼音表,在唐代以后传入中国,中国人对之研习久了,便在它的启发下开始创制出汉语的音节表,这就是等韵图。

用这种音节表来对汉语语音进行分析,就是等韵学。在唐代,已经出现了有关等韵的观念和理论,遗憾的是,唐人编制的等韵图今天没有发现过,因此难以对其等韵学发展水平加以评判,只能认定,等韵学的初步兴盛是在宋代。

《韵镜》由 43 张图构成,把《切韵》系韵书的 206 韵分列在 43 张图内。每张图布局大体一致:横列以士、音和清浊标明声类,暗含了中古音系声类的 36 个字母。纵列以韵目、四声和四等标明韵类。韵图的纵横交会处就是一个汉语的音节。整部《韵镜》实际上是以 206 韵为代表的中古音音节的声、韵、调配合图。

《韵镜》以音节表的方式反映了《切韵》系韵书所代表的语音系统,成为后人研究中古音系的重要参考资料,在等韵学史上具有十分重要的地

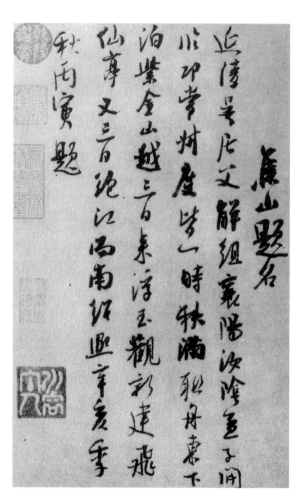

吴琚《焦山题名》行书作品

位。

　　现在见到的《韵镜》是宋代张麟之在 1161 年刊表的。这部书在宋代就传入日本，而在国内反而消失了。直至清末，黎庶昌在日本发现这部书，将它带回国内翻刻，才得以在本上重新流行。

　　由于《韵镜》长期流失国外，因此，在它回传之前，国内学者对它知之甚少。而在日本，对《韵镜》的研究却十分兴盛，出版了大量研究著作，而且对《韵镜》的研究还形成了专门学科，称为"韵镜学"。